ローマ人の物語

17

悪名高き皇帝たち

［一］

塩 野 七 生 著

新 潮 文 庫

7756

W9-BEQ-751

目次

カバーの金貨について 10
ユリウス＝クラウディウス朝系図 12
第一部 皇帝ティベリウス 15
(在位、紀元一四年九月十七日—三七年三月十六日)
カプリ島 16 皇帝即位 23 軍団蜂起 56 ゲルマニクス 70
公衆安全 90 緊縮財政 93 ゲルマニア撤退 106
ライン河防衛体制 118 東方問題 125 ゲルマニクス、東方へ 132

総督ピソ 143
ドナウ河防衛体制 147
ゲルマニクスの死 150
ピソ裁判 158
アグリッピーナ 168
砂漠の民 174
ドゥルイデス教 179
宗教観 187
災害対策 193
息子の死 196
安全保障 199
家族との関係 216
元老院との関係 219
図版出典一覧 234

二巻目次

カバーの銀貨について
ユリウス＝クラウディウス朝系図
第一部　皇帝ティベリウス（承前）
（在位、紀元一四年九月十七日―三七年三月十六日）
カプリ隠遁　セイアヌス　アグリッピーナ派の一掃
セイアヌス破滅　ゴシップ　金融危機　最後の日々
第二部　皇帝カリグラ　――本名　ガイウス・カエサル――
（在位、紀元三七年三月十八日―四一年一月二十四日）
若き新皇帝　生立ち　治世のスタート　大病
神に　快楽　金策　ガリアへ
ローマ人とユダヤ人　ギリシア人とユダヤ人
ティベリウスとユダヤ人　カリグラとユダヤ人
力の対決　反カリグラの動き　殺害
図版出典一覧

三巻目次

カバーの金貨について
ユリウス＝クラウディウス朝系図
第三部　皇帝クラウディウス
（在位、紀元四一年一月二十四日—五四年十月十三日）
予期せぬ皇位　歴史家皇帝　治世のスタート
信頼の回復　北アフリカ　ユダヤ問題
ブリタニア遠征　秘書官システム　皇妃メッサリーナ
国勢調査　郵便制度　「クラウディウス港」
メッサリーナの破滅　開国路線　奴隷解放規制法
アグリッピーナの野望　哲学者セネカ　ネロの登場
晩年のクラウディウス　死
図版出典一覧

四巻目次

カバーの銀貨について
ユリウス＝クラウディウス朝系図
第四部　皇帝ネロ
（在位、紀元五四年十月十三日―六八年六月九日）
ティーンエイジャーの皇帝　強国パルティア
コルブロ起用　母への反抗　治世のスタート
経済政策　アルメニア戦線　首都攻略
母殺し　「ローマン・オリンピック」
ブリタニア問題　アルメニア・パルティア問題
セネカ退場　ローマ軍の降伏　その間、ローマでは

外交戦　問題解決　歌手デビュー　ローマの大火
再建　ドムス・アウレア　キリスト教徒・迫害
歌う皇帝　ピソの陰謀　青年将校たち
ギリシアへの旅　司令官たちの死　凱旋式
憂国　決起　「国家の敵」

〔付記〕

なぜ、自らもローマ人であるタキトゥスやスヴェトニウスは、ローマ皇帝たちを悪く書いたのか
年表　参考文献　図版出典一覧

カバーの金貨について

これより始まる四冊は『ローマ人の物語』の中の第Ⅶ巻を四分冊したものである。とりあげた時代は、紀元一世紀に入ってからの五十年。一方、今現在の私が書いているのは第XIV巻で、ローマ帝国の滅亡も先が見えてきた紀元四世紀である。そこから三百年昔の一世紀を振り返って浮んでくる想いは、歴代の皇帝の悪口を言うだけで済んでいた時代はローマ人にとっては幸せな時代であったのだ、ということだった。

もともとからして「悪名高き皇帝たち」というタイトル自体が、彼ら皇帝たちとは同時代人のタキトゥスを始めとするローマ時代の有識者と、評価基準ならばその延長線上に位置する近現代の西欧の歴史家たちの「採点」の借用であって、これには必ずしも同意しない私にすれば、反語的なタイトルなのである。平たく言えば、悪帝と断罪されてきたけれどホント？　というわけですね。なにしろ、鋳造技術でも金銀の含有率でも、四世紀の貨幣とは比較のしようもないくらいの「良貨」が流通していたのが、これら悪名高き男たちが帝位に就いていた時期なのであった。（第18巻に続く）

二〇〇五年夏、ローマにて

塩野七生

ローマ人の物語

悪名高き皇帝たち

［一］

ユリウス＝クラウディウス朝系図（一部略）

ゴシック体＝男　明朝体＝女
63＝紀元前　37＝紀元後
○数字は皇帝即位順
……は養父子関係
♧♤はそれぞれ同一人物

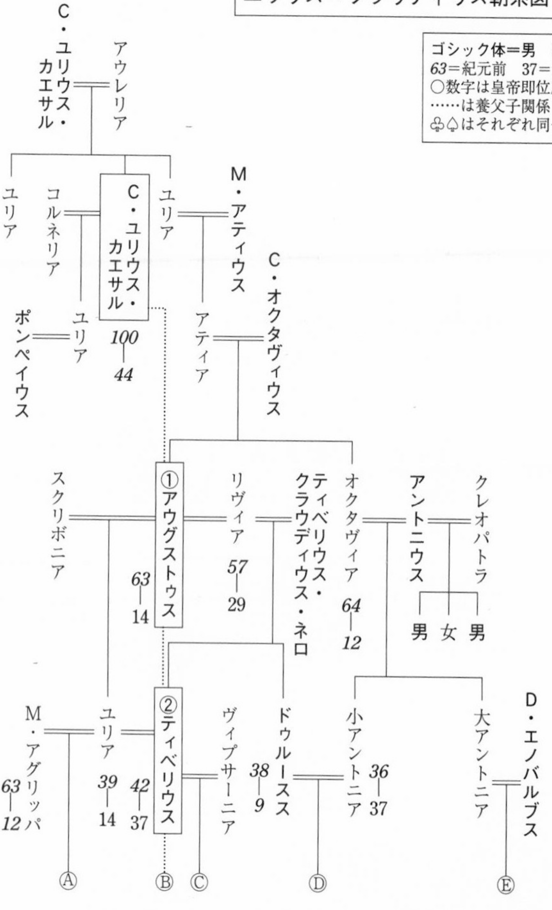

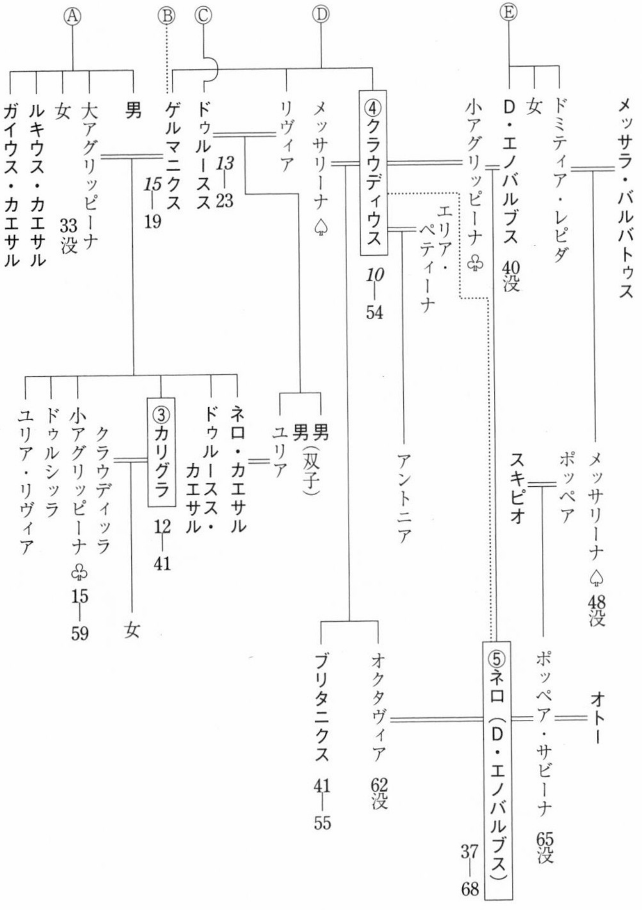
Ⓐ
Ⓑ
Ⓒ
Ⓓ
Ⓔ
男
大アグリッピーナ 33没
女
ルキウス・カエサル
ガイウス・カエサル
ゲルマニクス 15—19
ドゥルースス 13—23
リヴィア
メッサリーナ ♤
④クラウディウス 10—54
エリア・ペティーナ
小アグリッピーナ ♧
D・エノバルブス 40没
女
ドミティア・レピダ
メッサラ・バルバトゥス
ネロ・カエサル
ドゥルースス・カエサル
③カリグラ 12—41
クラウディッラ
小アグリッピーナ ♧ 15—59
ドゥルシッラ
ユリア・リヴィア
女
ユリア
男
男（双子）
アントニア
ポッペア
スキピオ
メッサリーナ ♤ 48没
オクタヴィア 62没
ブリタニクス 41—55
⑤ネロ（D・エノバルブス） 37—68
ポッペア・サビーナ 65没
オトー

第一部　皇帝ティベリウス

Tiberius Iulius Caesar

(在位、紀元14年 9 月17日—37年 3 月16日)

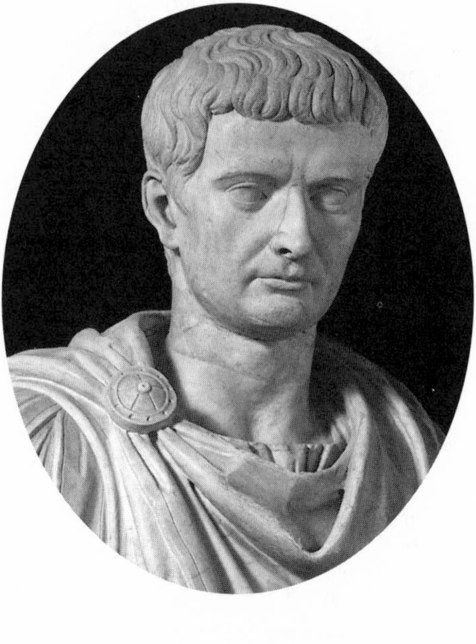

カプリ島

ナポリの南三十キロの海上に浮ぶ小さな島カプリには、現代ならば水中翼船で三十分もあれば着いてしまう。時間の節約よりも、船上に出て海の大気を吸い周辺の景観も賞(め)でつつカプリに接近したい人には連絡船の便もあり、それでも一時間半の海路で充分だ。

しかし、いかに機能性の向上に熱心だった古代のローマ人であろうと、動力を人力と風の力に頼っていた以上はこうはいかなかった。通常の三段層ガレー船ならば時速は二から三ノット、順風に恵まれて帆を活用できたときは五ノットは出せたといわれている。一海里(ノット)は一・八五二キロメートル。ナポリ湾はボートやカヌーの練習も可能なくらいに波静かで、気候もローマと並んでイタリア最高の温和さで有名だ。それに、皇帝の御用船である。また、ティベリウスが必要としていたのは、周遊用ではなくて政務のための船だった。当時では、最高の機能を誇る船であったにちがいない。ナポ

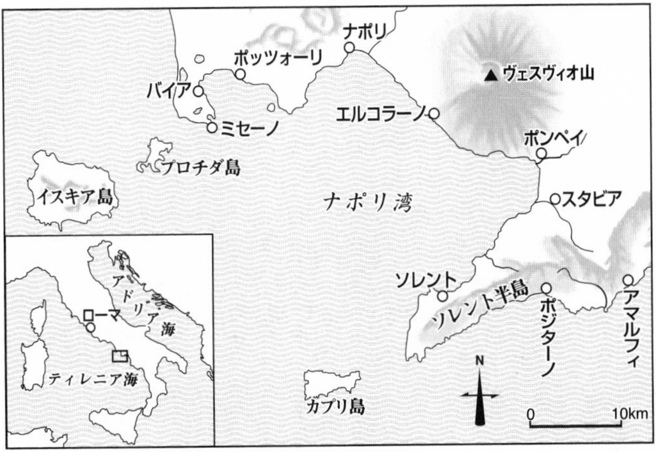

カプリ島とその周辺

リからも商港ポッツォーリからも軍港ミセーノからも、三時間もあればカプリに渡れたのではないかと思う。

現代でも地中海屈指の保養地ゆえ誰でも行けるカプリ島だが、二千年昔は島全体が皇帝の私有地だった。所有者だったナポリとの間にイスキア島と交換することを条件に、アウグストゥスが取得に成功したからである。ローマ世界の最高権力者をして、四倍の広さをもち温泉もわくイスキアを手離してまで欲しいと思わせたカプリは、温泉の利点も忘れさせてくれるほどに美しい。「ナポリ湾の真珠」とは、ローマ時代からの呼称である。だが、これほども惚れこんだカプリなのに、アウグストゥスはこのカプリを満喫することもなく死んだ。死の年のナポリ湾周遊行の折りに、短期間立ち寄っただけであったようだ。政務に終始した彼の生涯にとって、保養地としてしか考えなかったカプリ島は、望みつつも常に先送りせざるをえなかった夢の一つであったのかもしれない。

切り立った断崖（だんがい）絶壁に囲まれ砂浜も皆無のカプリ島では、船を着けられそうな場所は島の北辺部の一ヵ所しかない。アウグストゥスが建てさせたという別邸は、そこからほんの少し登った高台にあったといわれている。高台といっても海面から十メートル余りしかなく、海に向って開いた列柱回廊に立つ皇帝を認めた漁師たちが、網をたぐる手を休めて挨拶（あいさつ）の言葉を送れば、皇帝からもそれに軽く手をあげる答えが返ってくる距離であったのだ。島民の祭りにも、気軽に出席するのがアウグストゥスだった。

ヨーロッパ中の高級店が軒を連ねるスノッブな保養地に変った現代のカプリでは、船着場からはケーブルカーで、たちまち海抜百四十六メートルにある島の中央広場に連れて行かれる。なぜなら、絶景を賞でるよりも陽焼けに関心の強い現代の観光客の要望に応（こた）えて、カプリのホテルといえば、陽光を浴びるのに好都合な島の南面に集中しているからである。

スノッブか、でなければスノッブを気取りたい人々の醸（かも）し出す喧噪（けんそう）に背を向け、中央広場から分れる道の一つに足を踏み入れる。島の東端に建つティベリウス帝の別邸の遺跡を訪れるには、ケーブルカーはおろか自動車の便利さも放棄する必要がある。海抜百四十六メートルから海抜三百三十六メートルに向って登るのだが、道は険しくはない。ゆるやかな上り坂は、進むにつれて家もまばらに変り、左方にはナポリ湾が大きく視界を占めてくる。

　この三十年の間に数えることもできない回数でこの道を登ったが、いまだに遺跡到着までにどれほどの時間を要し、正確な距離はどのくらいであったのかを思い出せない。いつのときでも私の頭の中は、一つの想いでいっぱいになってしまうからだ。

　ケーブルカーのなかった時代、ティベリウスの望みどおりに島の最東端の断崖の上に建てられた別邸までは、現代でも海抜三百三十六メートル、海の水位が今よりは六メートル以上も低かったとされる古代ならば三百五十メートル近い高さまで、登らなければ着けなかったのである。道は、ローマ人のことだからただちに舗装されたにちがいないが、屈強な奴隷(どれい)たちのかつぐ輿(こし)にゆられて登ったのだろうか。だが、老いてもなお鉄の健康を誇っていたティベリウスだ。船の上で過ごした時間の運動不足の解消とばかり、自らの足で登ったかもしれない。

　鉄の健康どころではない私は、道中の後半の二百メートルを消化するだけで、皇帝ティベリウスの人間嫌いの深刻さを痛感してしまうのである。そして、ローマ帝国初代の皇帝アウグストゥスとその後を継いで二代皇帝となったティベリウスの性格のちがいは、カプリ島にあった二つの別邸(ヴィラ)の比較だけでもわかる、などとつぶやいてみたりするのだった。

登りきった断崖の上に立つ、現代でも「ヴィラ・ヨヴィス」（ゼウス別邸）と呼ばれているティベリウスのヴィラは、今では煉瓦(れんが)の壁と石の遺跡でしかない。しかし、大規模な貯水用の遺構から想像しても、ローマ人が追求に熱心だった快適性は充分以上に満たされていたはずだ。とはいえ、東から北に大きく開かれた造りの美しく快適なこの別邸(ヴィラ)に、ティベリウスは隠遁(いんとん)したのではなかった。皇帝位を誰かに譲り、隠居して引っこんだのではない。彼は、紀元二七年から死までの十年間、このカプリ島からローマ帝国を統治しつづけたのである。人間嫌いにはなった。だが、人間を統治する責務は放棄しなかったのだ。しかも、カエサルが青写真を引きアウグストゥスが構築したローマ帝国は、このティベリウスの統治を経て盤石(ばんじゃく)になっていくのである。

私には、遺跡を見ても頭の中で復元する癖がある。建造物を復元すれば、そこに生きていた人間たちも〝復元〟してしまう。私の空想の中での彼らは、今でも生きて呼

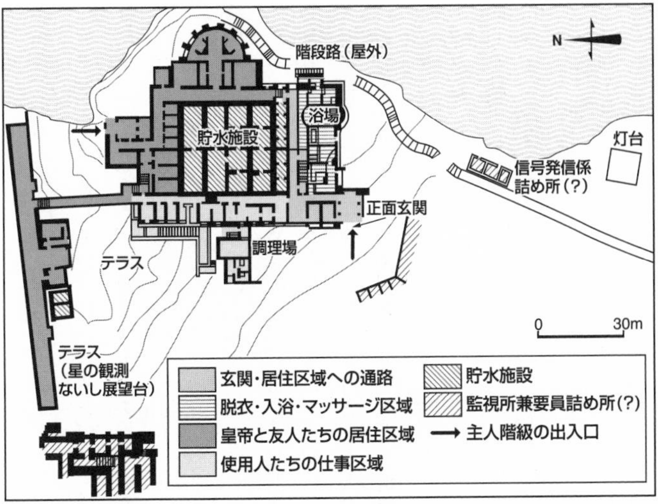

ヴィラ・ヨヴィス（ティベリウス帝のカプリの別邸）平面図――ローマのヴィラの通例と比較して、このヴィラの特色は主人の居住区域と使用人の仕事区域が厳然と分離されていることである。

吸している。

　ユリウス・カエサルを書いていた当時も、私の心の眼は、書いている間中彼を見ていた。だが、私の見るカエサルは、独りでいたことはなく、常に若く元気な部下たちに囲まれていた。彼らの間からは、愉しい笑い声さえも聴こえてくるようだった。ルビコン渡河という生涯の大勝負に打って出るときですら、「ここを越えれば、人間世界の悲惨。越えなければ、わが破滅」などと本音を吐き、それでいて彼に従う男たちに不足しなかったカエサルには、孤愁は想像できなかったのである。

　アウグストゥスもまた、独りの彼を想像できなかった。カエサルはすべてのことの決断を独りでしたが、アウグストゥスだって多くを独りで決めたのだ。だが、決断を下すに際し相談できる人はいた。しかも、一人でなく二人も。私の心の眼に映るアウグストゥスは、だから常に、アグリッパとマエケナスを両脇に従えた姿なのだ。この彼にもまた、孤愁は縁遠い。

　しかし、ティベリウスだけは、孤愁をにじませる姿でしか想像できない。背高くがっしりした体格は、たとえこちらに背を向けた後ろ姿でも貧相とは無縁であったろう。そして彼の背は、手を差しのべようとした人の想いを拒絶するかのように厳しい。

　もしも、孤独な一人の男の視界に広がる世界が荒海であったり、人間の生存を拒否する砂漠でもあったら、まだしも彼は自らの想いと合致する世界に棲むことができたのである。しかし、「ヴィラ・ヨヴィス」からの眺めは、官能的な地中海の中でも人の心を魅了してやまない、つまり生きていることの素晴らしさをあらためて感じさせてくれる美観なのだ。北東から東にかけてのびるソレント半島の景観は人の心を優しく変え、眼下に広がるナポリ湾はあくまでも蒼く、はるか北西の方角に位置するミセーノ岬からは、夜ともなれば灯がまたたいて人間の生を思い出させてくれる。この絶景と人間を拒絶した男の組み合わせの、なんという不調和！
しかし、皇帝になったはじめから、ティベリウスは人間を嫌ったのではなかった。彼は本心から、調和したいと努めたのである。いや、努めすぎたのだった。

皇帝即位

正確な日付を記した史料は存在しない。しかし、アウグストゥスの死が八月十九日でティベリウスの皇帝就任が九月十七日であった史実から推測して、また、二十三年後のことにしても死を迎えた地がアウグストゥスと同じナポリ近郊であったティベリウスのときに、その遺体がローマ到着までに要した日数が十二日であったことから推測して、亡(な)きアウグストゥスの首都帰還は紀元一四年の九月はじめになってからであったろう。夏のことゆえ護送は夜間にかぎったと言われているから、九月も十日過ぎになっていたかもしれない。皇帝の遺体の首都帰還だけに、馬車に乗せて全速力でローマに向うというわけにはいかないのである。護衛の兵士たちの肩にかつがれて進むアウグストゥスの遺体のすぐ後には、死にも立ち合ったティベリウスの徒歩で従う姿があった。

しかし、ティベリウスは単なる親族ではない。生前のアウグストゥスから、皇帝次席としても誤りでない種々の権限を分与された立場にあった。彼だけは、遺体を守って進む行列がアッピア街道を北上する途中のどこかで列を離れ、馬を駆ってローマに先行したにちがいない。元老院を召集する任務が待っていた。そしてそこで、亡き皇帝の葬儀をどのような形でするかを決定し、アウグストゥスの遺言を公表する必要があったのだ。皇帝の遺言状は、私事ではなく公事に属した。

この年のはじめには書かれ慣例に従って女祭司長に預けられていたアウグストゥスの遺言状は、議場を埋めた五百人を越える元老院議員たちが耳をすます中で、客観性を尊重する必要からも故人とは縁戚（えんせき）関係にない法務官（プラエトル）の一人が読みあげるのである。遺言状の冒頭の一句が、広い元老院議場のすみずみにまでひびき渡った。

「無慈悲な運命がわたしからガイウスとルキウスの息子二人までも奪い去ってしまった以上、ティベリウスに遺産の二分の一と六分の一を譲ることをここに言明する」

アウグストゥスのただ一人の娘ユリアから生れ、早々にアウグストゥスが養子にして手許（てもと）で育てたガイウスとルキウスの兄弟は、前者が紀元四年、後者は紀元二年に死んでいる。二十三歳と十八歳の死は痛ましいが、十年も昔の話であり、若き皇位継承者二人の力量は、彼らの早すぎた死を嘆くのは実の祖父一人としてもよい程度であったことは、元老院議員ならば知っていた。一方、五十五歳のティベリウスの力量と実績は、誰もが認める事実であったのだ。

アウグストゥスが他の誰よりもそれを認めていたことは、紀元四年に養子にした四十五歳当時のティベリウスに、十年期限の、とはしてあっても更新可能な「護民官特権」を与えるよう元老院に求め、それを実現したことでも明らかだ。また、紀元一三年には、全属州の統治権と全ローマ軍の最高指揮権を与えることで、事実上の共同統治者にもし、自分の死後の帝国運営へのレールの敷設まで終えて死んだのだった。アウグストゥスにしてみれば、責任は果したという想いであったろう。実際、法制上ならば完璧に果した。遺言状でも、遺産の三分の二を遺贈される筆頭相続人というローマ人には耳慣れた方式で、ティベリウスを後継者に指名したのだから。大帝国の運営には、指揮系統の断絶は最大の敵だった。

しかし、ティベリウスに譲ると言い遺しはしても、血のつながりのないティベリウスになぜ譲るかの理由を、アウグストゥスは一言も言っていない。だから、遺言を聴いた人々は、後継者にするつもりだった実の孫二人に死なれたアウグストゥスが、他に選択肢もないところからやむをえず、妻の連れ子であったティベリウスを後継者に指名したと受け取ったのだった。古代ローマにかぎらずどこでも、女のおかげというのは蔑視(べっし)される宿命をもつ。

それにアウグストゥスの遺言も、平俗に言えば「思い切り」が悪かった。カエサルの遺言と比べてみれば、差異は明白である。当時十八歳でしかなかったアウグストゥスを後継者に指名したカエサルは、この若者が与えられた立場にふさわしい力量を示したならば、などという条件はいっさい付けていない。もしも付けていたならば、戦場では力量の差明らかであったライヴァルのアントニウスから、確実にその点を突かれていただろう。当時は、カエサル暗殺後の動乱の真っただ中にあった。戦場での力量の差を突かれることは、カエサルの後継者には不適と烙印(らくいん)を押されることだったのである。「思い切り」の良かったカエサルの遺言のおかげで、どれほどアウグストゥスが助かったことか。

だがアウグストゥスも、自分だって付帯条件はつけなかったと言うだろう。しかし、海のものとも山のものともまだわからない十八歳に付帯条件をつけないのと、経験と実績に加え公的な地位もすでにもっている五十男につけないのとはちがう。後者に付帯条件をつけたりすれば、それだけで失笑ものだ。だが、アウグストゥスは、いかにも彼らしい巧妙なやり方で、文字上では表わしはしなくても事実上の付帯条件をつけていたのである。

死の十年前にティベリウスを養子にした段階で、つまり後継者候補とした段階で、アウグストゥスは実の息子がすでにいるティベリウスに、自分の姉オクタヴィアの娘の息子であることから血縁関係にある、ゲルマニクスを養子に迎えさせている。やむをえずティベリウスに後を継がせるが、ティベリウスの次はゲルマニクスだ、と明言したのと同じであった。

ただし、「無慈悲な運命がわたしからガイウスとルキウスの息子二人までも奪い去ってしまった以上」と述べた後にすぐつづいて、何の理由もあげずにティベリウスへの譲位を表明したアウグストゥスの遺言を、十年も昔のことをもち出すとは思い切りが悪い、とだけ受け取ったのでは、アウグストゥスの本心の半ばしか理解しないことになる。わざわざ十年昔の孫二人の死に言及することで、アウグストゥスは、ローマ帝国の最高統治者には、〝創業者〟である自分の血を引く者が就くとした意志を、言外ではあっても明確にしたのだった。ティベリウスに譲る理由にまったく言及していないのも、アウグストゥスにしてみればティベリウスは、ゲルマニクスが皇帝に就くまでの中継ぎにすぎなかったからである。この年、ティベリウスは五十五歳。ライン河防衛軍団総司令官の任にあるゲルマニクスのほうは二十八歳。年齢から見ても、順当な軌道敷設ではあったのだ。

だが、皇帝就任もまだ公式には決まっていないうちから、こうも明言されたティベリウスの心の内はどうであったろう。議場を埋めた元老院議員全員の眼は、遺言状朗読を聴くティベリウス一人に集中しただろう。誰もが、ティベリウスがどんな表情で聴くかに、意地悪な好奇心をそそられたにちがいない。二代皇帝ティベリウスの治世は、こうして、屈辱の想いからはじまったのである。

しかし、もしもアウグストゥスが一度は中継ぎと考えた盟友のアグリッパが長生きしていて、紀元一四年の元老院議場で遺言を聴く立場にいたらどうであったろう。アグリッパだって、アウグストゥスとの血のつながりはなかったのである。一兵卒でしかなかった身から、アウグストゥスの右腕にまで登りつめたアグリッパだが、もしも一兵卒時代にカエサルによって抜擢(ばってき)されなかったら、名門の出身者でなければ士官への道は事実上閉ざされていた共和政時代のローマ軍団では、百人隊長が昇進の限界であったろう。軍隊に入らなければ百姓で一生を過ごしたかもしれないアグリッパならば、〝トランジット〟と目されたとて、名誉に思いこそすれ屈辱感まではいだかなかったはずである。

しかし、ティベリウスはクラウディウス一門の直系であった。ローマが共和政に移行した前後に五千人の「クリエンテス」(被保護者)を従えてローマに移り住んだこの名門貴族の歴史は、ローマ史そのものと言ってもよい。祖父が何をしていたのかも不明なアウグストゥスの実家などは比較にならず、アウグストゥスが養子に入ったユリウス一門でさえ、古さでは誇れても共和国ローマを背負った人材の豊富さでは完璧に水をあけられる。二十八人の執政官(コンスル)、五人の独裁官(ディクタトール)、七人の財務官(ケンソル)、六人の凱旋(がいせん)将軍、二十人の次席凱旋将軍を出した家系なのだ。ティベリウスの場合は母親の出身も、同じクラウディウス一門につらなるリヴィウス家だった。ティベリウスの先祖の中からとくに目立つ人だけをあげるにしても、次のようになる。

アッピウス・クラウディウス——紀元前三一二年当時の財務官(ケンソル)で、その職権を活用してローマ最初のローマ式街道、つまり当時の高速道路であるアッピア街道を敷設しただけでなく、ローマ最初の上水道の建造責任者としても名を残す。第I巻『ローマは一日にして成らず』の二一五頁(文庫版第2巻一三二頁)以降参照。二五六頁(同一八八頁）でも言及。

アッピウス・クラウディウス――第一次ポエニ戦役で、カルタゴ相手の第一戦の勝将。第Ⅱ巻『ハンニバル戦記』の二一頁（文庫版第3巻二八頁）以降参照。

ティベリウス・クラウディウス・ネロ――第二次ポエニ戦役中、イタリアに居坐るハンニバルとスペインから支援に駆けつけたその弟ハシュドゥルバルの合流を阻止する目的で闘われた、メタウロ会戦の勝者。この戦闘が、その後のハンニバルを孤立に追いこむ決定打になった。第Ⅱ巻の二四七頁（文庫版第4巻二四三頁）以降参照。

しかし、国家に人材を多数提供したということは、常にポジティブな人材を提供したのみではなく、ネガティブな人材も提供したということでもある。そちらの代表例をあげれば、次のような具合だ。

アッピウス・クラウディウス――紀元前四五〇年当時のローマで、平民勢力と正面対決した貴族階級の牙城（がじょう）「十人委員会（デケンヴィリ）」の中心人物として名を残す。第Ｉ巻の一五三頁（文庫版第2巻四二頁）以降参照。

クラウディウス・プルクルス――第一次ポエニ戦役当時のローマ側の敗将の一人。ローマでは敗戦の将は罰されないのが常だが、彼だけは解任された。その理由は、戦闘前の鳥占い中に餌（えさ）のついばみ方が悪かった鶏に怒り、「水なら飲むか」と叫んでその鶏を海に放り投げたのを、指揮官にふさわしくない浅慮と断じられたからである。第Ⅱ巻四七頁（文庫版第3巻七〇頁）以降参照。

プブリウス・クロディウス——貴族には就任が許されていない護民官に、平民の養子にまでなって就任するという、名門出身者たちが牛耳っていた元老院体制下ではスキャンダル視されることまでして、カエサル派に鞍替え（くらがえ）した男。第Ⅳ巻『ユリウス・カエサル　ルビコン以前』一七五頁（文庫版第9巻六三頁）以降参照。

紀元四年にアウグストゥスの養子になって以後のティベリウスは、もはやティベリウス・クラウディウス・ネロとは署名せず、ティベリウス・ユリウス・カエサルと署名したという。ユリウス一門の人間になったという意思表示だった。しかし、ティベリウスの体内に流れていた血は、あくまでもクラウディウス一門の血であったのだ。ただし、それだけならば皇帝に就任したのを利用して、クラウディウス一門も有力な一員であった「元老院体制」にもどせば解決できる。

だが、ティベリウスの不幸は、彼自身の背負ってきた伝統とは反対の、アウグストゥスの政治に賛成なことであった。つまり、共和政という旧体制を代表する家系を継ぐティベリウスなのに、帝政という新体制こそが国家ローマの将来に適していると認識していたのだ。そしてこの認識を精神面からささえたのが、ローマの国政に人材を提供してきたクラウディウス一門の誇りであったろう。クラウディウス一門の男たちの基調音でもあった国益最優先への強烈な自負心ならば、国体が帝政に変ろうとも、ティベリウスの血の中には生きつづけていたのである。

アウグストゥスの遺言状では、三分の二をティベリウスに遺贈するとの宣言につづいて、残り三分の一の遺産は妻のリヴィアに遺すと言明してあった。そしてリヴィアは、ユリウス一門の養女に迎えられ、名も、ユリア・アウグスタと変わる、と。

重ねて言うが、カエサルやアウグストゥスのような立場の人の遺産相続は、遺産を贈られてもそれは平民や兵士たちへの遺贈で消えてしまう以上、権力の相続ということである。アウグストゥスは妻のリヴィアに、皇帝の権力の三分の一を遺したということになる。アウグストゥスは、このような大事を愛情だけでやる男ではなかった。ここにもまた、いかにも彼らしい深謀遠慮がうかがわれる。

ゲルマニクスは、先に述べたようにアウグストゥスと血が繫(つな)がっていた。だが、これに加えて、リヴィアの次男で若死した、そして噂(うわさ)ではアウグストゥスの隠し子ではないかといわれたドゥルーススの長男でもある。リヴィアが遺贈を受けた三分の一の権力は、事実上、リヴィアの孫のゲルマニクスへの〝予定相続〟ということだ。リヴィアの長男であるティベリウスへの分は、三分の二の相続で解決ずみなのだから。そして、ユリウス一門へのリヴィアの養女縁組も、リヴィアに遺贈された権力がユリウス一門以外の者に渡るのを、あらかじめ阻止するための対策でもあった。

すさまじいまでのアウグストゥスのユリウス一門の権力保持への執念、と思う人は多いかもしれないが、私もそれに半分は賛同しても、残りの半ばは賛同しない。アウグストゥスは、こうすることで、ローマ帝国の政局の安定を期したと考えるからである。政局の安定が破られようものなら、内戦が待っているからだった。しかし、中継ぎであることが衆目の中で明らかにされたティベリウスが、どのような想いに耐えざるをえなかったかは別問題であった。

アウグストゥスの遺言状のこれにつづく後半は、第Ⅵ巻『パクス・ロマーナ』の三三五頁（文庫版第16巻一一七頁）以降で述べたとおりである。しかし、こと細かく首都在住の平民や軍団兵たちへの遺贈金まで列記した最後に、ローマ帝国の初代皇帝アウグストゥスは、以後の帝国統治担当者たちへの政治上の遺言も書き遺していた。

「現在の帝国の国境線を越えての拡大は、すべきではないと進言したい」

これが以後の皇帝たちの守るべき第一事項とされていくのだが、アウグストゥスの後を継いだティベリウスにとっては、他のどの皇帝に対してよりもより直接的な課題になった。ユーフラテス河もドナウ河も、すでに既成の事実になっていたから問題はない。問題は、「現在の帝国の国境線」というのが、ライン河であるのかエルベ河であるのかを、アウグストゥスが明確にしなかったことにある。しかも、帝国の全住民への遺言でもある『業績録（レス・ジェスタエ）』では次のように書いている。「わたしの艦隊はオケアヌス（現北海）を、ライン河口から東方にキンブリ族の地まで遠征した。そこまでは海陸いずれの道でも、ローマ人で到達した者はいなかった。この地方に住むゲルマン民族は使節を送り、わたしとローマ国民との友好関係の樹立を求めてきた」

ここには、制覇したとは一言も書いていない。しかし、この九年前に、ティベリウスの率いたローマ軍はエルベまで進攻している。また、キンブリ族はエルベ河の東に住む部族である。そしてその地にまで進攻したティベリウスは、今やローマ全軍の最高司令官なのであった。アウグストゥスの「進言」を聴く元老院議員たちのおそらく全員が、帝国の北の国境線はエルベ河、と思ったのではないだろうか。

死の数日前に、急ぎ呼びもどしたティベリウスを、アウグストゥスは病室に招じ、誰も交えずに二人だけで長時間話し合ったという。どのようなことが話し合われたのか、礼儀を重んずるティベリウスは、それについては死ぬまで口を開かなかったから謎のままである。ライン河までの撤退も、話されたのかもしれない。しかし、いずれにしてもアウグストゥスは、進攻した地からの撤退という、ローマ史始まって以来の不名誉に、何一つふれることなく死んだ。これも、ティベリウスに残された課題の一つになった。

遺言状朗読が終れば、残るは亡きアウグストゥスの葬儀をどの形式で挙行するかである。当然のことゆえ決定も簡単に済んで、国葬と決まった。この翌日に早くも、葬儀は挙行されている。国葬は元老院の決議を待たなくても決まったようなものだったから、準備も早々に終っていたにちがいない。また、残暑の季節、氷漬けにして保存していようとも急ぐ必要があった。ローマ人の葬儀では遺体は棺の中に安置されるのではなく、誰もが最後の別れをできるように寝台の上に安置され、その前で故人の徳を讃える演説がなされ、そのまま人々の肩にかつがれて火葬の場に運ばれる。フォロ・ロマーノ中央のカエサル神殿前で行われた演説は、故人の養子であり後継者となったティベリウスがした。皇帝廟の前で火葬に付された後、遺灰は廟内の中央に葬られた。

元老院は、亡きアウグストゥスの神格化も決議していた。ローマ初代の皇帝は、「神君アウグストゥス」になったのである。

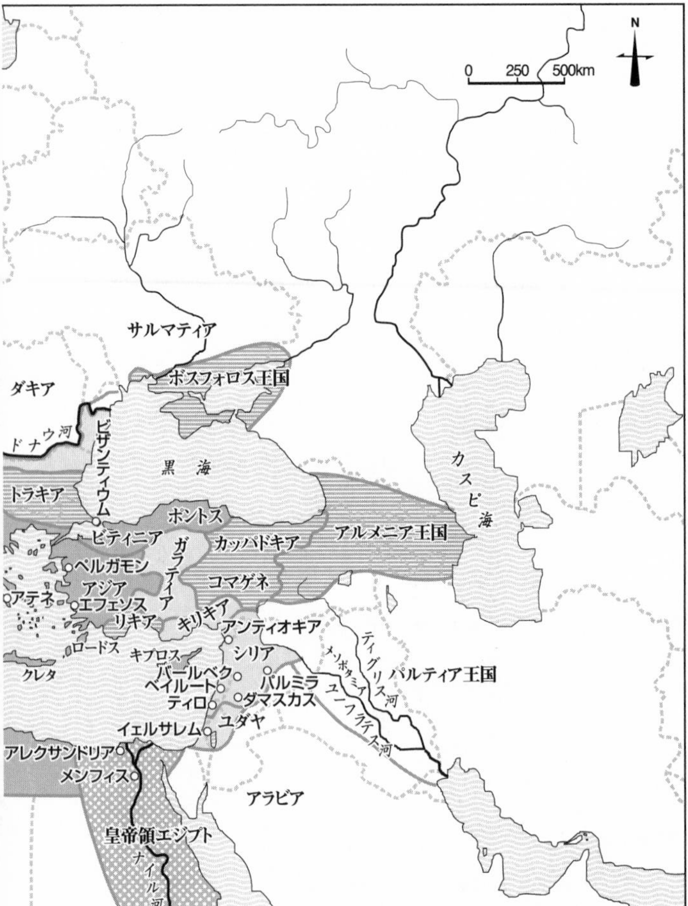
0 250 500km
N
サルマティア
ボスフォロス王国
ダキア
ドナウ河
ビザンティウム
黒海
カスピ海
トラキア
ポントス
ビティニア
ガラティア
カッパドキア
アルメニア王国
ペルガモン
アジア
コマゲネ
アテネ
エフェソス
リキア
キリキア
アンティオキア
ロードス
キプロス
シリア
クレタ
バールベク
ベイルート
パルミラ
ティロ
ダマスカス
メソポタミア
ティグリス河
パルティア王国
ユーフラテス河
ユダヤ
イェルサレム
アレクサンドリア
メンフィス
アラビア
皇帝領エジプト
ナイル河

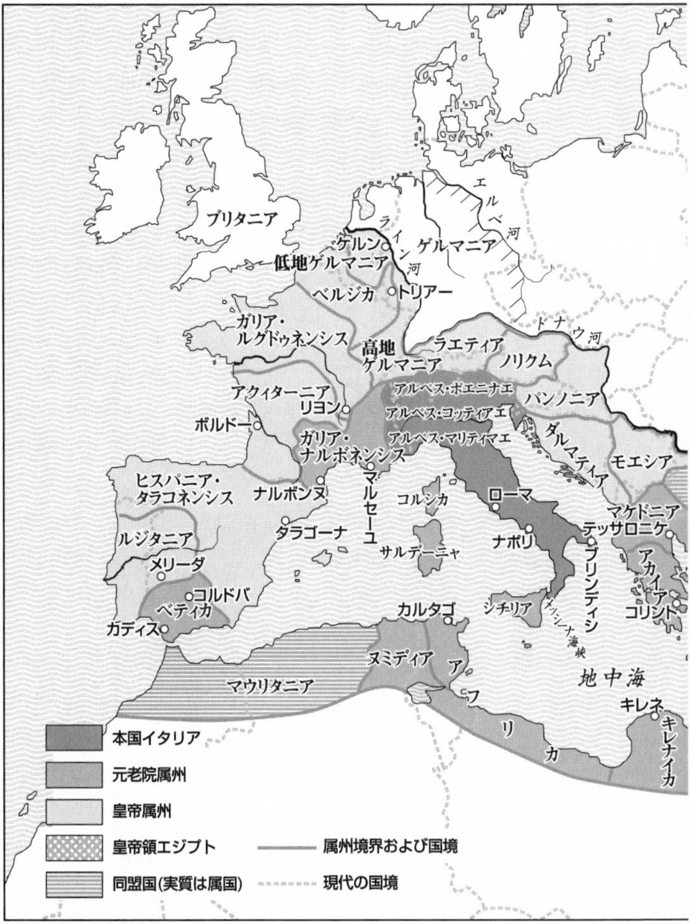

ローマ帝国全図(紀元14年当時)

権力の移行は、なに一つ支障もなく完了するかのようだった。ところが、他でもないティベリウス自身が慎重を求めたのである。

ティベリウスはわかっていたのだ。自分が継ごうとしているローマ帝国最高統治者の立場が、ローマの法制、ローマの伝統に照らせば、いかに不明瞭(ふめいりょう)なものであるかがわかっていたのだった。それゆえ、アウグストゥスの遺した〝遺産〟の中でも最も問題多いこの一事を、彼なりに明快にしたうえで、自分の治世のスタートをはじめたいと考えたのだろう。

ローマの皇帝に正式に就任するには、前任者が指名しただけでは充分ではない。元老院とローマ市民双方の、承認を必要としたのである。元老院では投票により、市民の承認のほうは歓呼によりというちがいはあっても、この二者の承認なしには皇帝位に就けなかった。中国やその他の国々の皇帝とはまったくちがう、ローマ帝国の統治権につきまとった特色である。

ローマの主権者は、あくまでも「S・P・Q・R」即(すなわ)ち、「ローマの元老院並びに市民」であったのだ。それゆえ、元老院と市民が「承認」するということは、統治を「委託」するということである。当時のローマ人の考え方に立てば、現代のわれわれの「選挙」と同じ感じではなかったか。ただし、選出ならば任期が明らかでないと成り立たないが、任期を明確にしないで委託するという点が、外観は共和政でも内実は君主政にもっていくうえでのアウグストゥスの苦心であり、それゆえに不明瞭さをともなわずにはすまなかったのである。だが、なぜ、こういうことになったのか。

アントニウスとの権力闘争を勝ち抜いてローマ世界の最高権力者になってすぐの紀元前二七年、アウグストゥスは大方の予想に反して共和政への復帰を宣言した。そして、彼自ら『業績録』に記したように、「それ以後のわたしは、権威では他の人々の上にあったが、権力では、誰であれわたしの同僚であった者を越えることはなかった」と、公式には言明したのだ。これをこのままで信ずれば、帝政ではなくて元首政である。しかも、帝政か元首政かで意見が分れるローマとちがい、元首政の定義で一致している中世・ルネサンス時代のヴェネツィア共和国の元首における権威と権力の関係は、まさにアウグストゥスの言ったとおりのものであったのだ。

共和国国会(マジョール・コンシーリオ)で選出される元首(ドージェ)の任期は、ヴェネツィア共和国では唯一(ゆいいつ)の終身制で、対外的にも対内的にも彼が「ヴェネツィアの顔」を務める。しかし、この元首のもつ権力は、現代の国会にあたる元老院(セナート)では二百票のうちの一票、現代の内閣に該当する

「十人委員会（コンシーリオ・ディ・ディエチ）」では十七票中の一票でしかなかった。しかも、共和国国会や元老院の議員は世襲なのに、元首だけは一代限りであったのだ。これを守らなければ、元首政とは言えない。この政体がヴェネツィアで可能であったのは、ヴェネツィアの支配する領域が狭く、統治する人間の数も少なかったからである。

一方、古代ローマの「元首」における権威と権力の関係はどうであったろう。

ローマの元首（プリンチェプス）も「ローマの顔」であったことは、通貨に彫られる顔と名の銘記だけでもヴェネツィアと似ている。それに加えて、ローマの宗教界の長である最高神祇官（ポンティフクス・マクシムス）であることも権威の確認に役立った。しかし、権力となると、共和政で終始したヴェネツィアとは完全に異なる。

第一に、ローマ全軍の最高司令官の地位にあった。

第二に、本国イタリアと首都ローマの保安のために置かれた近衛軍団（プレトリア）も、彼の直接指揮下にある。

第三は、「元老院属州」と「皇帝属州」に二分された中で、皇帝属州の統治の最高責任者でもある。

第四、元老院から派遣された属州総督によって統治される「元老院属州」もふくめた全属州の徴税権も、彼の任命する「皇帝財務官（プロクラトール・インペリアーレ）」を通してにぎっていた。

第五、「護民官特権（トリブニチア・ポテスタス）」をもつことで、平民集会の召集権をもつ。これは、貴族に対して平民の権利を守る目的でなされたホルテンシウス法によれば、元老院で否決されようと平民集会で可決されれば、それで法制化、つまり政策化は可能ということであった。現代風に考えれば、国会で否決されても国民投票にかける権利をもつ、ということである。

また、「護民官特権」には、拒否権という特権も付いていた。拒否権がいかに強力な武器であるかは、国際連合の安全保障理事会における拒否権の有無のちがいを思い浮べるだけで充分だろう。この強権は、二千年後の現代でもラテン語そのままの「VETO（ヴェトー）」で通用する。

第六、ローマ帝国の「元首」には、勅令と訳す人もいる暫定（ざんてい）措置令を発動する権利もあった。広大な領土と多民族をかかえる大帝国の統治には、必要となればただちに対処しなければならないことが多かったからだが、この暫定措置令を法制化、つまり恒久化するには元老院の議決が不可欠とされたところが、ローマの帝政の他とはちがう点でもある。

第七、行政官のほとんどは、「元首（プリンチェプス）」に任命権があった。任命権のない高級行政官でも、推薦権はあった。

第八、ローマ市民には控訴権が認められていたが、アウグストゥスはそれまでも自分の管轄下に入れる。最高裁判所の長官まで、兼任するのと同じだった。

そしてこれらの諸権力を一手にする「元首」は世襲。

これが、古代ローマの「元首」の実像である。「アウグストゥスが構築したのは、王政でもなく独裁政でもなく、元首の名による国体であった」と書いた歴史家タキトゥスは、この事情をまったくわかっていなかったのか、それともわかっていて皮肉を言っているのか、と思ってしまう。

アウグストゥスが強調した「プリンチェプス」を字義どおりに受け取れば、「ローマ市民中の第一人者」にすぎない。公式な名称でもない。事実、発掘された碑文のどれにも、ローマ皇帝の別称としてでも銘記されたものはない。「第一人者」という名称は、強大な権力を手中に収めることで「ただ一人が統治する政体」を構築したアウグストゥスの、隠れ蓑であったのだ。しかし、隠れ蓑をかぶったために新たな問題が生ずることになった。なぜなら人間はとかく、眼に映ることしか見ないものだからである。

私には、ローマ人の明快さ、論理性、法治精神を考慮すれば、カエサルがとった終身独裁官制度のほうが、政体としてはよほど明快ではなかったかと思える。独裁官はローマでは危機管理システムだから、独裁官の許(もと)では元老院以下すべての機関の役割は、命令を実行するという形にしても明確になる。そしてカエサルは、終身制にはしたが世襲制にはしなかった。唯(ただ)一人の最高統治者が後継者を指名し、その人も次の後継者を指名するというシステムならば、五賢帝時代の皇帝たちと同じことになる。しかし、五賢帝時代になればやれたことも、その百五十年昔では抵抗が強すぎた。また、終身独裁官の名称も、本音に正直でありすぎた。それゆえカエサルは、殺されたのである。

現代の研究者の中にも、不明瞭な統治システムを遺して後々の災いの因を成したとして、アウグストゥスを非難する人がいる。あいまいなままで遺したということならば私も同意するが、非難まではする気になれない。アウグストゥスがしたような不明瞭な形でしか、帝政ローマの構築は不可能であったと思うからである。また、血の継承に執着したのも、「第一人者」の権力の基盤の不明瞭さをわかっていたからこそ、せめては「血」でそれを確実にしようと考えたからではないか。だが、このあいまいさの弊害を最初にこうむることになったのは、ティベリウスであった。とくにティベリウスが、アウグストゥスの「血」を引いていなかったがゆえになおのこと。アウグストゥスの死から一ヵ月が経(た)つのにいまだに皇帝位を受けるのに慎重なティベリウスの心の内は、タキトゥスの言うような、「受けたいのは山々なのにわざとためらっている」ではなかったような気がする。

アウグストゥスの葬儀の数日後にちがいない九月十七日に開かれた元老院会議が、ティベリウスの治世の公式のスタートになった。会議の冒頭、その年担当の二人の執政官の共同提案という形で、次の動議が提出された。

一、亡きアウグストゥスの前例に従って、ティベリウスにも、「元老院の第一人者(プリンチェプス・セナートゥス)」の称号(タイトル)が与えられること。

二、ティベリウスには前年（紀元一三年）にすでに与えられている「ローマ全軍最高指揮権(インペリウム・プロコンスラーレ・マイウス)」が、今後とも継続さるべきであること。

三、ティベリウスには十年前より認められている「護民官特権(トリブニチア・ポテスタス)」は、継続して認められ、それも期限なしの終身権限とする。

四、ティベリウスには生前のアウグストゥス同様の、ローマ国家を守るために必要なすべての権力が与えられる。

史実は採決の細目までは明らかにしてくれていないが、結果は可決であったようである。これにつづいて、執政官二人がティベリウスに忠誠を宣誓し、元老院議員たちも忠誠を誓い、国家ローマでは元老院階級に次ぐ第二階級で経済界としてもよい「騎士階級（エクイタス）」からも、また第三階級である平民からも、ティベリウスへの忠誠宣誓が通告されてきたからだった。

だが、執政官二人の動議が、皇帝としてティベリウスを承認するか否（いな）か、を問うたのではなく、㈠の権威、㈡と㈢と㈣の権力を列記して承認を求めた事実に注目してほしい。ここにこそ、ローマの帝政の特色がよく表われている。ローマの皇帝は天から降りてきたのではなく、人々の承認を受けてはじめて存在理由を獲得できる地位なのであった。

しかし、委託の意味をもつ「承認」を得た以上はそれを受けさえすればよい状態になっていながら、発言を求められて立ちあがったティベリウスの口からは、誰もが待っていた言葉は出てこなかった。

彼はまず、帝国の領域の広大さと覇権下にある民族の多様さから生ずる統治の困難に対処するには、自分の力量は不足していると言った。アウグストゥスだからこそやれたことで、それがいかに重責で決断しだいでは帝国を危機にさらす怖（おそ）れのある任務であるかは、アウグストゥスの晩年にそれをともに担った自分の経験からも痛感してきたことである、と言ったのである。そして、元老院議員たちに向ってティベリウスはつづけた。

「とはいえローマは、この重責を分担できるに充分な力量をもつ人々に不足していない。ならば、全権力をただの一人に委託するのは最善の策ではないのではなかろうか。才能豊かな人々の力を結集すれば、大帝国の統治という重い課題の解決も、より容易になるであろうと思う」

ティベリウスの最大の批判者である歴史家タキトゥスは、このときのティベリウスの言葉を、大喜びで受けたと思われないための偽装であって真意ではなかった、とする。だが私は、ティベリウスの本心であったと思う。ティベリウスの実の父は、カエサル下でガリア戦役を闘った仲であるにかかわらず、直接に剣は向けなかったにしろ、「三月十五日」の暗殺の賛同者の一人と目されていた。これによってオクタヴィアヌス時代のアウグストゥスから処罰者名簿に名を記され、幼児であったティベリウスも同道しての亡命生活を強いられたほどの共和政主義者である。クラウディウス一門は、共和政ローマを担ってきたと自負するローマの名門貴族では、コルネリウス一門と並ぶ家系だった。その血を引くティベリウスが、もともとは自分と同じ階級の男たちに向って、協力を求めたのである。武力で勝ったカエサルでさえ、敗れた元老院階級の一員であるキケロに、新生ローマの建設への協力を求めている。カエサルも理解してもらえなかったが、ティベリウスも同じだった。ティベリウスの言葉を聴いた元老院議員の多くはただ単に面倒を避けたい想いで、「第一人者」を受けるようティベリウスに懇願し、残りの少数は、タキトゥス式の冷笑を浮べたのである。

ティベリウスは、ついに言った。

「自分一人で重責を担うにはわが力量が不充分であるとは承知しているが、それでもなお、あなた方がわたしに委任したいという分野についてならば、それを受けるに異存はない」

すかさず、アジニウス・ガルスが言った。

「カエサル（ティベリウスはアウグストゥスの養子になったことで、カエサル家の一員でもあった）、あなたが委任されたら受けると言われるのは、いったいどの分野のことなのか？」

これは実に意地の悪い質問だった。アジニウス・ガルスは、ティベリウスが唯一人愛した女人で、アウグストゥスの娘ユリアと結婚させられたために別れるしかなかったヴィプサーニアの、今の夫でもあったのだ。ティベリウスは、ユリアとの仲が不幸に終った後でも、他のどの女とも再婚しようとはしなかった。そのガルスの質問を軽くかわすには、ティベリウスには当意即妙の才が欠けていたのである。それでも、少しばかり回答をためらった後で口を開いた。
「もしも自由な選択が許されるならば、すべての公務から除外されるほうを選ぶであろう。しかし現実はそうでない以上、どの分野を取りどの分野を捨てるなどと自分で決めるのは、わたし自身の生き方に反する」
再び元老院議員ガルスが発言した。その顔にはおそらく、冷笑が浮んだままであったろう。
「わたしはあなたに、分割できないこととの分割の可能性を問いただしたのではない。あなた自身の口から聴きたかっただけだ。国家は一つであり、その国家は一人によって統治さるべきであるということを、あなた自身の口から聴きたかっただけなのだ」
ガルスは、この後にとってつけたような感じで、亡(な)きアウグストゥスの業績を賞讃し、ティベリウスが長年にわたって成しとげた戦場での業績と政治上の業績も賞(ほ)め讃(たた)えた。
それでもなお、ティベリウスの口からは「受諾」の言葉は出なかった。ついに議員たちの中からヘテリウスが立ち、言った。

「カエサル、あなたはいつまで国家を、頭なしの状態で放置しておくつもりか」

元老院のあせりも当然だった。アウグストゥスの死から、すでに一ヵ月が過ぎていたのである。ライン河ぞいに駐屯する軍団からは、不穏な知らせもとどいていた。ティベリウスはついに受けたのである。帝国統治のための権力の委託を受諾したのだった。五十五歳を迎える二ヵ月前、血こそアウグストゥスから継いではいなかったが、年齢、経験、実績、力量ともに不足のない、二代目の「第一人者（プリンチェプス）」、つまり実質上は皇帝、の誕生であった。

しかし、これに至る元老院議場でのやりとりは、タキトゥスが断ずるような、偽善とそれに対する反撥（はんぱつ）の応酬ではなかったように思う。それよりも、帝政下での皇帝と元老院の関係の不明瞭（ふめいりょう）さを、如実（にょじつ）に示したエピソードであると思うのだ。

ティベリウスは、元老院に協力を求めた。だがそれは、アウグストゥスが巧妙に築きあげた、皇帝が統治し元老院はそれを助ける、という式の協力関係であったのだ。また、ガルスの反撥にも理由はあった。亡きアウグストゥスが人々に明言していたことを言葉どおりに受けとれば、国家ローマの政体はいまだに共和政であり、そのトップはローマ市民中の「第一人者」にすぎない。しかし実際は、「第一人者（プリンチェプス）」を指名するのは前任の「第一人者」で、元老院にはそれを承認する権限しか残されていない。それなのにこの見えすいた現実には眼をつぶって、いかにも「第一人者(プリンチェプス)」と元老院が対等な関係にでもあるかのように、協力を要請するとは何ごとか、というのが、ガルスの本心ではなかったろうか。

二人とも、ガルスもティベリウスも、アウグストゥスの築きあげた「第一人者」政体が内包する矛盾をわかっていて、問いただし答えているのであった。

とはいえなぜアウグストゥスは、外観は共和政でも内実は君主政という非論理的な政体を構築し、四十年もの長い間機能させるのに成功したのであろうか。

研究者たちは、アウグストゥスの抜群の政治感覚を理由にあげる。だからこそ、皇帝と元老院という相対立する機関の間のバランスをとり、ともに機能させることができたのである、と。私もまったく同感だ。しかし、忘れてはならないこともあると思う。それはアウグストゥスが、権力闘争を武力によって勝ち抜いた人であったという事実だ。いかにアウグストゥス自身は温和に振舞おうと、この人の前では、事実上は敗者である元老院の言動も自重せざるをえなかったろう。一方、ティベリウスは、前任者が実力で獲得した権力を譲られた人なのである。しかも、血の継承を明らかにしてきたアウグストゥスの方針からははずれた、つまりその利点さえももっていない後継者なのであった。それゆえにこそティベリウスは、ローマ市民中の「第一人者（プリンチェプス）」を文字どおりに解釈するほうを選び、それを元老院の協力を受けることで実行できると考えていたのではないかと思う。

母のリヴィアに「国家の母（マーテル・パトリアエ）」の称号を贈ろうという提案には、「女に名誉を与える場合は慎重に成されるべきであり、わたしに与えられる場合もまた同じことである」と言って断わった。事実、元老院が贈ろうと彼に申し出た「国家の父（パーテル・パトリアエ）」を断わっている。

また、彼自身の立像を公的な場所に立てることも禁じた。「ドミヌス」（御主人様）と呼びかけた人には二度とその呼称は使ってはならないと命じ、公式にも次のことを布告させた。

「ティベリウスは、自邸の奉公人たちにとっては『ドミヌス』、兵士たちにとっては『インペラトール』（皇帝）、市民たちにとっては『プリンチェプス』（第一人者）である」

しかし、呼称がどうあろうと事実上の皇帝になったティベリウスは、追従（ついしょう）にも無縁ではいられなかった。ある日の元老院会議で、七月がユリウス、八月がアウグストゥスと名づけられているのに倣(なら)って、九月をティベリウスとしようと提案した議員がいた。ティベリウスは自席から、矢のような一句を放ってそれをつぶした。

「『第一人者(プリンチエプス)』が十人を越えたときはどうするのか」

追従がそれを言われた人を不快にするのは、そのような馬鹿気たことを言われてイイ気になる程度の人と値ぶみされたことが不快なのである。ただし、世に追従がつきないのも事実で、それはお追従を言われてイイ気になる人が多いからだろう。ちなみに、ティベリウスの後にもこの種のへつらいは絶えなく月名変更を受けた人もいたのだが、二千年後の今になるまで残ったのは七月(ジュライ)と八月(オーガスト)のみである。

アウグストゥスが神格化されたので、その養子であるティベリウスも「神の子」ということになってしまった。ローマ帝国の「顔」の最上の宣伝媒体でもある通貨には、ティベリウスも自分の横顔のわきに「神の子(フイリウス・デイヴス)」と刻ませている。しかし布告文では、「ティベリウスの聖なる任務(サクラス)」となっていたのを「ティベリウスの労多き任務(ラボリスス)」に変えさせ、「ティベリウスの命により(アウクトル・エオ)」を「ティベリウスの進言(スアソーレム)を容(い)れて」とするよう改めさせた。また、皇帝就任後のティベリウスの公式名は、ティベリウス・ユリウス・カエサル・アウグストゥスとなって当然なのに、ティベリウスはこれを、オリエントの同盟諸国あての公式書簡でしか用いなかった。ローマ市民に向けては、ティベリウス・ユリウス・カエサルで通したのである。アウグストゥスという名には、「聖なる」という感じがついてまわるからだった。もちろん、外観は共和政でも内実は帝政である政体を構築したアウグストゥス自身は、この意味がわかっていたからこそ、それを自らの名にしたのではあったが。

　ティベリウスは、元老院会議の席上で次のように言っている。

「元老院議員諸君、これまでにも言明してきたことだが、わたしは何度でもくり返して言う。あなた方からほとんど無限の権力を託された『第一人者（プリンチェプス）』が行う統治が良心的で思慮深いものであるかどうかは、それが元老院と市民への奉仕をまっとうできたか否かで判断さるべきである、と。わたしは、この考えを明らかにすることを後悔しない。なぜなら、あなた方の中にわたしは、『第一人者』が背負わねばならない帝国統治という重責に対して、理解があり好意的な『主人』（意訳すればオーナー）を見（み）出（いだ）せると確信しているからである」

　即位当初のティベリウスの考えていた「第一人者（プリンチェプス）」とは、権威はあっても権力ならば指導者階級の一人と同じという、後代のヴェネツィア共和国式の元首ではなかった。

アウグストゥスの創設した「第一人者」は権威権力とももつ地位だったが、ティベリウスが継いだのもそれなのである。だが彼は、統治の必要上手離すわけにはいかない「権力」（パワー）はそのままにしても、「権威」（オーソリティ）は極度に削ったのだ。その彼の考えていた「第一人者」を、元首と訳すわけにはいかないし、皇帝と訳すわけにもいかない。現代人に馴染みにくいにしても、「第一人者」とするしかないのである。少なくとも彼自身が、この意味の皇帝であろうと努めた治世の前半の十年間においては。

「第一人者」に就任したティベリウスが最初にやったことは、執政官以下の国家の要職の選出の場を、市民集会から元老院に移したことであった。市民権所有者である成年男子の数、つまり有権者の数が五百万にも増えていた時代、首都ローマに住む数万を集めて行われる市民集会での選挙は有名無実と化していたのだ。だがそのために、元老院議員たちは莫大な選挙費用を使わねばならなかった。ティベリウスにしてみれば、この負担から解放することで、国家の指導層としての元老院階級を再興し、彼らに帝国の統治の片翼を担ってほしかったのだろう。

そしてティベリウスがやった第二のことは、ゲルマニクスにも「ローマ全軍の最高指揮権」を与えてくれるよう元老院に要請し、それを実現したことだった。この大権をアウグストゥスがティベリウスに分与したのは、死の前年になってからである。それをティベリウスは、就任の年に早くも実行したのだ。「第一人者」の地位には就いても全権力はその自分に集中したのではないという、意思の明示であった。

だが、人間ほど矛盾を平気で生きる動物もない。強力なリーダーなどは必要ないと言っていたと同じ人が、危機になるやたちまち、「第一人者」なのだから率先して現地に向い、危機脱出への采配（さいはい）を振るうべきである、と声を大にして要求するのだから。ティベリウスの就任前後に起こった「危機」とは、ドナウ河防衛線を守るパンノニア駐屯の三個軍団と、ライン河防衛担当の八個軍団の反乱であった。反乱と言っても、待遇改善を要求して起（た）ち上がったのだからストライキである。ただし、スト参加者の全員が武器をもっていることが、対処を誤ると取り返しのつかない事態に発展する危険をかかえていた。

しかし、ティベリウスは、「第一人者」自らの出動を求める声には耳を貸さなかった。ライン河ぞいに駐屯する八個軍団全軍の総司令官職には、一年前からゲルマニクスが就任している。そのゲルマニクスには、「ローマ全軍の最高指揮権」さえも分与した。アウグストゥスの遺言でも、ティベリウスの次の皇帝位を約束されている。ティベリウスは、権威権力とも充分に与えたこの二十八歳に、危機への対処を一任したのである。

ただし、パンノニア駐屯の三個軍団対策には、首都から誰かを送る必要があった。ドナウ河防衛線完備にはティベリウスが出向く予定であったのがアウグストゥスの死で中断したため、三個軍団全軍の掌握に必要な、権威権力をともにそなえた総司令官を欠いていたからである。ティベリウスはこのパンノニアに、二十六歳になっていた実子のドゥルーススを派遣する。ドゥルーススには、近衛軍団司令官二人のうちの一人のセイアヌスが率いる、近衛兵二個大隊の二千も随行させた。この一行をパンノニアで待ちうけるのは三個軍団、一万八千の兵士たちだった。そしてティベリウス自身は、首都ローマにあって、若い二人の手並を静観することにしたのである。

軍団蜂起（ほうき）

パンノニア軍団で起きた反乱は、皮肉にも、軍団長ブラエススの温情に端を発していた。アウグストゥスの死を告げられティベリウスの即位も確実と知ったブラエススは、先帝への喪と新帝への祝いを理由に、軍団兵たちに休暇を与えたのである。土木工事や軍事訓練から解放された兵士たちは、三個軍団が一箇所に集まって宿営していた広い夏季宿営地のあちこちを歩きまわったり、ところどころに集まってはおしゃべりに熱中したりして、降ってわいたような余暇を満喫していた。

　暇があると、人間は考えるようになる。兵士たちは、アウグストゥス死後の自分たちの立場への不安をいだくようになった。なにしろ先帝の治世は、四十年もつづいたのだ。それが今、突然に切れたのである。ローマの軍団兵は、志願制の職業軍人である。彼らの不安とは、職を失うかもしれないという怖れから発していた。

　その不安も消えないうちに胸中に湧いてきた想いは、厳格な軍規で縛られた日常と土木工事に駆り出されたときの労苦だった。彼らはそれを、暇になった今になって思い出したのだ。そしてそれへの不満をあおり立てるに好適な扇動者が、そのときの宿営地にはいた。以前は劇場の喝采組の組長をし今は軍団兵になっているペルケンニウスという名の一兵卒である。弁の立つこの男は、兵士たちを前にして次のように言った。

「なぜわれわれは数の少ない百人隊長や、百人隊長よりももっと少ない数の大隊長の命令に、奴隷のように従わねばならないのか。新皇帝の地位がまだ確かでないこの時期に懇願するか脅すかして待遇改善に成功しないで、いつそれが可能になると思っているのか。

われわれはこの長年、三十年も四十年もつづく兵役に耐え、老いに耐え、身体中に残る傷に耐えてきた。それなのに、除隊ですら名ばかりで、支援という名目で同じ仕事に駆り出される。幸いに生き残って退役できても、植民という名目で泥沼や不毛の地に追い出されるのがオチだ。

兵役自体からして、労多くして益少ない仕事だ。肉体も心も、一日一〇アッシスで買い取られたのと同じ。これで、服から武器から天幕から、百人隊長の温情から土木工事のずる休みまでまかなわなくてはならない。これに加えて、軍規を守らなかったといっては鞭打ち、敵相手の戦闘では死傷、冬は厳しく夏は猛暑、戦場での残虐と宿営地での貧困には終りがない。これらのすべてが降りかかってくる軍役でも耐えられるとすれば、それは明確に定められた条件の下でだけだ。

その条件とは、給料は一日につき一デナリウス。兵役期間は十六年。それ以外は、一日たりとも同じ軍旗の下で、同じ宿営地で勤務しない。そして、退職金は現金で支払われること。

近衛軍団の兵士たちは、一日につき二デナリウスの給料をもらい、十六年勤めあげれば家に帰れる。わたしは、都会勤務の彼らの任務にケチをつけているのではない。だが、蛮族の地に勤務しているわれわれは、敵を見るには天幕を出るだけで充分なのだ」

アジ演説というものは大げさに言うものだから、これをこのままで信ずることはできない。軍服や武器や天幕は食糧もふくめて国からの支給であったから、すべてを私費でまかなうというのは嘘（うそ）である。ただし、私服は別であるのは当然であり、百人隊長へのつけ届けに至っては論外だろう。

しかし、日給ならば一日に一〇アッシスというのは、年給で二百二十五デナリウスであったのだから真実である。だが、近衛軍団兵は一日に二デナリウスもらっているというのは正確を欠き、一・八七五デナリウスだった。また、三十年から四十年も除隊させてもらえないというのも大げさにすぎると思うが、退職金の財源不足で、満期になっているのに先送りされた例は少なくなかったかもしれない。

そして、このアジ演説が最も真実を伝えているのは、ドナウやラインの沿岸勤務が帝国の他の防衛線に比べて、環境も悪く苦労も犠牲も多いことであった。南国のスペインや北アフリカ、生活水準の高いシリアやエジプト勤務に比べれば、勤務条件は劣

	近衛軍団兵	軍団兵（現状）	軍団兵（要求）
日　給	1.875デナリウス（30アッシス）	（0.625デナリウス）10アッシス	1デナリウス（16アッシス）
年　給	675デナリウス	225デナリウス	360デナリウス
退職金	5000デナリウス	3000デナリウス	3000デナリウス ただし現金で即支給
勤務年数	16	20	16
勤務地	本国	属州	属州

デナリウス—銀貨、アッシス—銅貨

悪であったと言っても言いすぎではない。それでいて、ドナウとラインの両防衛線こそが、最も野蛮で、それゆえに最も勇猛な敵と対しなければならなかったのである。もしもこのときの待遇改善要求がそのままで容れられたとすれば、上の図のようになった。

一兵士にすぎなくてもペルケンニウスの演説は、完全に兵士たちの心を捕えた。パンノニア駐屯の軍団宿営地は、要求貫徹を叫ぶ兵士たちの声で占められた。軍団長ブラエススは、兵士たちの興奮状態の鎮静化を狙ってか、大隊長の一人であった自分の息子をローマに送り、兵士たちの要求を皇帝に伝えさせることに決める。これで一応は、兵士たちはおとなしくなった。

ところが、その近くのナウポルトゥスに派遣されて橋や街道の工事にたずさわっていた分隊の兵士たちが、本隊宿営地での騒ぎを知り、こちらもと思ったのか町の略奪をはじめたのだ。ナウポルトゥスは、ローマが「地方自治体（ムニチピア）」という格付けを与えて自治を認めた町である。そのような場所での暴行は許されない。百人隊長たちは止めに入った。ここで兵士たちの怒りは方向を変え、百人隊長や工事責任者に向って爆発したのだった。

ローマ軍団の百人隊長には二種あり、作戦会議に列席を許されている上級の百人隊長とその権利のない下級の百人隊長に分れる。後者でも八十人の兵士の統率者だから中隊長クラスの指揮官だが、彼らの実体に最も近い例を現代の軍隊に求めれば、アメリカ海兵隊の軍曹（サージェント）であろう。兵士たちが怒ればその矢面にまず立たされるのが、ローマ軍団では百人隊長であった。

百人隊長を痛めつけた勢いで本隊の宿営地にもどってきた兵士たちによって、一応は静かになっていた宿営地でも騒動が再燃した。ここでも矢面に立ったのは百人隊長たちだった。反旗をひるがえした者は、まず先に眼前の上位者に向って怒りを爆発させる。そして、いったん軍規を犯した者の行動は、後もどりは許されないとの怖れから急速にエスカレートする。宿営地全体が暴動に巻きこまれた。営倉の扉が壊され、牢内にいた罪人までが解き放たれる。彼らの参加が、暴動をさらに激化させた。百人隊長の中には、殺される者まで出る有様。この報告を受けたティベリウスが、息子ドゥルーススの派遣を決めたのであった。

二千の近衛軍団兵と皇帝護衛役のゲルマン騎兵の中隊に守られて到着したドゥルーススだが、その彼を迎えた雰囲気は、自国の軍団の宿営地というよりも敵地に乗りこんだ人に対するものだった。新皇帝の息子への敬意は欠かないとでもいうように、反乱兵たちは宿営地を出て途中まで出迎えはしたのだ。しかし、上位者を迎えるときの常とちがって軍団、大隊、中隊別に整列してもいず、軍団旗も隊旗もかかげず、服装は乱れ傲慢な顔つきで挨拶もせず、軍団というより暴徒の群れというしかなかった。二十六歳の皇帝の息子は、この群れの間を通って宿営地に入った。だが、ドゥルーススが宿営地をめぐる柵の中に足を踏み入れるやいなや、あらかじめ首謀者たちの間で決められていたのか、四方の出入口をはじめとする宿営地の要所のすべてを反乱側が占拠した。そして、残りの兵士は全員、宿営地の中央にある演台の周囲を固め、その上に立った皇帝の息子に対して脅しや脅迫の叫びを浴びせた。

ドゥルーススは、それを手で制して静かにさせ、持参したティベリウスのメッセージを読みあげた。

「パンノニア駐屯の三個軍団は、わたし自身が育てあげ、長年（紀元前一二年から前九年、紀元後六年から九年の計六年間）率いて幾多の戦闘を戦いぬいてきた軍団である。その兵士たちの望みゆえ、先帝の死への哀(かな)しみがやわらぎ政務も日常にもどったときには、元老院に諸君の要求を伝えそれへの対処を求めることは約束する。

それで、とりあえずは息子を送る。彼が、軍団司令官に許された権限内でできることは善処するだろう。しかし、それ以外の要求事項は元老院との協議で決められねばならない。要求を受け容れるか拒否するかの権限は元老院にあり、その権限を無視することは正しいやり方ではないからである」

ドゥルーススス

ティベリウスのこの言葉を紹介した後で歴史家タキトゥスは、これもティベリウス特有の時間稼ぎであったと断じている。ローマ全軍の最高司令官(インペラトール)であるティベリウスが、兵士たちの要求を受け容れるか否(いな)かを決めるのに元老院と相談しなければ決められないとは不可思議な話であり、ならば、戦いに訴えるか否かの決定でも、毎回元老院と協議して決めるのか、というわけだ。

たしかに、時間稼ぎではあった。しかし、兵士たちの要求の是非は別として、その要求を受け容れるか否かは、パンノニア駐屯の一万八千の兵士ではすまず、ローマ全軍の十五万の問題になることは眼に見えている。これはもう、軍事ではなくて政事である。私は、ティベリウスの本心は「拒否」にあったと確信する。

満期がきているのになかなか除隊できないという一事は改善の必要はあるにしても、その他の要求項目を受け容れては、アウグストゥスの定めたシステムを壊すことになる。アウグストゥスがこのように定めたのは、国家ローマの人的経済的条件を考慮してそのギリギリの線でまとめた結果であって、五十五歳のこの年になるまでのほとんどをアウグストゥスの許(もと)で過ごしたティベリウスには、この内情が充分にわかっていただろう。それにアウグストゥスは、カエサルの定めた一四〇デナリウスの年給から、二二五デナリウスにすでに値上げしているのである。皇帝が代わるたびに兵士の給料を値上げしていては、国家財政は破綻(はたん)する。それに、ティベリウスの治世を貫く基本方針の一つが、税金の値上げなしでの国家財政の健全化、であったのだ。

しかし、当面の問題は、武器を片手に気勢をあげている一万八千の兵士である。そして、このような場合に演説一つで鎮静化してしまうカエサルのような人物は、古代のローマでもめったには出ないのだった。ティベリウスには、時間稼ぎしか道はなかったのである。

それにしてもティベリウスも、息子を大変な場所に送りこんだものである。皇帝のメッセージが読みあげられた後も反乱兵士たちは態度を変えず、要求貫徹を叫んでドゥルースースを囲み、随行の者には石を投げて傷を負わせたりもした。このドゥルースースには、ティベリウスのメッセージにあった「軍団司令官に許された権限内でできることは善処する」ことさえもできない。兵士たちの要求事項はあいかわらず、「一日一デナリウスの給料と十六年後の除隊」から、一歩の譲歩もなかったからだ。ドゥルースースは、捕われの身になったと同じだった。宿営地全体を満たす不穏な空気から、陽が落ちた後に何かの不幸が起こらないではすまないと、それぞれの天幕には引きあげたものの眠る者は一人もいなかった。

その夜は、雲ひとつない晴れわたった夜空から月光が降りそそぐ、人々の思惑や恐怖とは反対の美しい夜になった。ところがその夜は、月蝕（げっしょく）にあたっていたのである。紺青色の秋の夜空を照らしていた満月が、少しずつ欠けはじめた。この種の自然現象に無知な兵士たちは、これを不吉の前兆と受けとったのだ。天幕からとび出した兵たちは欠けゆく月に向い、輝きを取りもどしてくれと叫び祈った。
ドゥルーススも、天幕から出て欠けゆく月を見ていた一人だった。だが彼は、そして彼に従っていた随行者の多くも、月蝕の原因を知っていた。ドゥルーススは、この機を活用しようと考える。彼の命で、兵士たちに人望がある百人隊長たちが選び出され、その人々が秘かに召集された。
この間も、月蝕は進行中だった。輝く月の表が欠けるのと比例して、それを見る兵士たちの不安と恐怖は増大した。そして、月がまったく消えて暗闇の夜空になったとき、彼らの恐怖は頂点に達したのである。宿営地のあちこちに燃えさかるたいまつの火が、地に伏して不吉を嘆き悲しむ兵士たちの姿を照らしていた。
その彼らに、ドゥルーススの命を受けた百人隊長たちがしのび寄ったのだ。百人隊長たちは一人ずつ自分の中隊の兵士のそばに行き、絶望にふるえている彼らに向って言いさとした。
「いつまで皇帝の息子を捕虜にしておくつもりか。その結果がどうなるか、考えたことはあるのか。反乱の首謀者たちに従うのもいいが、彼らに給料を上げる力があるとでも思っているのか。退役後に土地を与えることができるのは誰かを、考えてみたことはあるのか。あの連中に帝国の統治ができるとでも思っているのか。われわれの中隊は最後に反乱に参加したのだから、最初に離れてもよいではないか」
　兵士たちは動揺した。まず、老兵と若年兵が分れはじめた。次いで、中隊ごとに集まりはじめ、それは大隊、そして最後に軍団ごとに集まりはじめたのである。そうなると、ローマ人の性向である秩序への愛が、つまり無秩序への嫌悪が、秩序を知らない野蛮人と蛮族を軽蔑してきたローマ人の自尊心がもどってきた。放り捨ててあった軍団旗や大隊旗も、誰言うともなく取りに行った兵士たちによって、天幕の前に立てられた。そしてその頃には、月ももどりはじめたのだ。少しずつ輝きをとりもどしていく月に向って、兵士たちは今度は、自分たちの犯した誤りを許してくれるように祈るのだった。

　翌朝早く、ドゥルーススは兵士たちを召集した。壇上から彼は、二十六歳ではまだ説得力は未熟でも生まれの良さからくる気品ある振舞いと言葉遣いで、自分は恐怖にも脅迫にも妥協しないと明言した。次いで、お前たちが秩序あるローマ軍団の兵士にもどると誓うならば、そしてわたしにそれをしてくれるよう願うならば、わたしは父に、寛容な心で兵士たちの要求を考え直してくれるよう頼んだ手紙を送る用意がある、と言ったのである。これに反対する声もあがったが、それもももはや、賛意を示す多くの声の中に消えた。ドゥルーススは、手紙をローマに持参する使いとして三人を選んだ。パンノニア軍団全体を預かっていた軍団長ブラエススの息子、自分の随行員の中から一人、そして百人隊長首席の一人である。百人隊長でも首席となれば司令部の作戦会議に列席する「上級百人隊長」だから、外観は反乱兵士の代表のようでも内実はそうではない。しかし、後悔の念が支配的になっていた兵士たちの中で、このことに気づいた者はいなかった。

使節を送り出した宿営地の中は平常にもどり、誰もがティベリウスからの回答待ちで一致しているかのようだった。しかし、ローマを出発するときに父から真意を告げられていたのか、ドゥルーススだけは待たなかったのである。

ドゥルーススの命令で、反乱首謀者のペルケンニウスとその仲間一人が司令官の天幕に呼ばれた。二人は、天幕内に足を踏み入れるやいなや殺された。二人の死体は兵士たちの眼にふれないように、宿営地から遠く離れた森のどこかに埋められた。

首謀者二人を消した後にすぐつづいて、過激分子の消去がはじまった。それまでにすでにリストはできていたのか、その実施は徹底しており、近衛軍団の兵士とパンノニア軍団の百人隊長たちがそれを担当した。

兵士たちの間からは、これに反対する声さえあがらなかった。この年はいつもより早く訪れた冬が、冬を考えて建てられていない、天幕が並ぶだけの夏季宿営地に留まったままの兵士たちの気分を憂鬱にする一方であったのだ。雨が降りやまず、それがしばしば豪雨に変るので、天幕の中にいても水びたしになった。兵士たちは、これも神々の怒りによる天罰かと怖れ、ストライキに訴えてまで実現しようと望んだ待遇改善など、もうどうでもよい気分になっていた。

天幕ぐらしの不便は、ドゥルーススとて同じだった。だが彼は、兵士たちのほうが行動を起こすのを待ったのである。

夏季の宿営地とは仮設の前線基地だから、飲料水と敵への防衛さえ確保されればよいので、人里離れた地に築かれることが多い。だが、秋の終りから翌年の春のはじめまでの居住を考慮する必要のある冬営用の宿営地は、生活のしやすい町の近くに置かれるのが常だった。兵士たちが寝起きする場所も、テントではなくて常設の兵舎である。また、冬営地には、兵役中は独身を義務づけられているローマ軍団兵にとっては無視できない魅力をもつ、親しい仲の女たちも待っているのだった。

まず、第八軍団の兵士たちが冬営地に帰ろうと言いはじめた。それに、第十五軍団の兵士たちも同調した。第九軍団だけは、ここに留まってティベリウスからの回答の到着を待つと主張したのだが、彼らとて敵地に近い夏季宿営地に自分たちだけで残るのは不安だった。こうして三個軍団とも、安全で快適な冬営地にもどることになったのである。

兵士たちの出発を見送ったドゥルーススは、冬営地でならば兵士の統率は軍団長ブラエススで充分と思い、自分はローマにもどることにした。ちなみに、ティベリウスの「回答」はローマから発(た)つことすらなかったようである。

これと同じ時期、パンノニアからはさらに北西に位置するライン河防衛線でも、兵士たちによる反乱は勃発(ぼっぱつ)していた。だが、この「ゲルマニア軍団」では、発端も経過も結末も、パンノニア軍団とは相当にちがう様相を呈することになる。まずもって、パンノニアでは三個軍団だったが、ライン沿岸では八個軍団であったのだ。一万八千に対し、四万八千であった。

ゲルマニクス

「ゲルマニア軍団」と呼ばれていたライン河の防衛線を担当する軍勢は、ライン河の上流と下流に二分される。前者は担当地域から「高地ゲルマニア軍」、後者は「低地ゲルマニア軍」と呼ばれ、両軍ともそれぞれ四個軍団で編成されていた。各軍団の六千兵は軍団長の指揮下にあるが、高地ゲルマニア軍ではその上に四個軍団全体を指揮下におく司令官がおり、低地ゲルマニアの四個軍団にも司令官がいるという構成。そして、「高地」「低地」ともの八個軍団全軍の総司令官には、紀元一二年まではティベリウス、一三年からはゲルマニクスが就任していたのである。皇帝アウグストゥスの近親者がつづいて就任していたのは、エルベ河に至るゲルマニアの全土を征服するというアウグストゥスの政略の実践部隊であったからだ。それゆえ、どこにも増してこのゲルマニア軍団には数多くの兵士が、しかも精鋭が送られていた。

しかし、精鋭は、はじめから精鋭なのではない。軍隊経験を積んで、精鋭化するのである。紀元一四年初秋の反乱は、つい最近に兵役を志願し、そのとたんにゲルマニアという辺境の地に送られてきた新兵たちから起こった。

ローマ軍団兵は、ローマ市民権所有者であることが条件だ。当時ではまだ、ローマ市民の多くはイタリア半島の出身者だった。南国のイタリアから北国のライン河下流地域に送られてきて、辺境防衛がどのようなものかもまだ知らない彼らは、気候と地勢の厳しさに加え辺境の地での生活の無味乾燥さに、イヤ気がさすのも早かったにちがいない。それで、待遇改善を要求する気になったのである。そして彼らも、先帝の死と新帝の即位の境い目であるこの時期こそ待遇改善を求める好機と思ったことでは、パンノニアに駐屯する同輩たちと同じだった。

しかし、ゲルマニアでの反乱がパンノニアとちがったことは、待遇改善という経済ストに訴える前に、ゲルマニクスの皇帝就任を支持するという声をまずあげたことである。

ティベリウスを嫌ったからではなく、兵士たちにしてみれば、亡(な)きアウグストゥスの血を引く人が皇帝位を襲うのが当然と思えたからだろう。また、自分たちが支持したと知ればゲルマニクスもその気になり、皇帝即位の強力な支持層であるゲルマニア軍団の兵士たちの待遇改善にも、積極的にとり組んでくれるにちがいないという計算もあったと、史家タキトゥスは書く。

ところがゲルマニクスから返ってきた答えは、皇帝推挙に対しては断じて「否(いな)」であり、それどころかゲルマニクスが率先して行った新帝ティベリウスへの忠誠の宣誓に、兵士たちも従うよう求めたものであった。これでは、経済スト再開しかない。またこの時期には、パンノニアでの反乱の様子も、出入りの商人たちという当時の情報伝達経路の一つを通して、ライン下流の宿営地にも伝わっていた。

パンノニア軍団と比べて低地ゲルマニアの四個軍団では、誰か一人の扇動で暴動が起こったのではなく、兵士たちの間から自然発生的に起こった点がちがった。それゆえ待遇改善要求も、はじめからあったのではなく、まず先に暴動が起こり、待遇改善要求はそれに次いで出されたという経過になった。だがここでも、怒りはまず百人隊長たちに向けられたことでは同じであったのだ。乾ききった草原に放たれた火のようにまたたくまに夏季宿営地全体に広がった暴動に、司令官カエキーナも打つ手がなかった。徴税事務のためにガリアに滞在中だったゲルマニクスもそれを知るや、すべてを放置して北に向う。

総司令官の到着は、全兵士が宿営地の外に整列して迎えるのが習いになっている。ゲルマニクスを迎えた低地ゲルマニアの四個軍団の兵士たちも、その礼は欠かなかった。それに一見するだけならば、後悔しているかのように神妙に見えた。だが、ゲルマニクスにつづいて宿営地に入った後はたちまち列を乱し、口々に不満を言いはじめたので騒然となった。

宿営地の中央にある演説台の上に立ったゲルマニクスは、まず彼らに、中隊、大隊、軍団ごとの整列を命じた。兵士たちは従った。しかしそれは、いかにもいやいや従っ

ゲルマニクス

たという感じで、整列に要した時間も常よりはずっと長かった。ゲルマニクスは、それが終るのを我慢強く待った後で話しはじめた。

まずはじめに、亡きアウグストゥスの霊に深く敬意を表し、次いで、ティベリウスのこれまでの軍功の数々をあげ、それらの多くはお前たちを率いて闘った戦果だった、と言った。そして、ティベリウスの皇位継承は、イタリア本国も承認し、ガリアの属州も忠誠を誓い、帝国内のどの地域でもこのことに起因する秩序の乱れはなかったのだと言った。兵士たちの多くは、黙って聴いていた。ゲルマニクスは、ここにきてはじめて騒乱にふれる。二十八歳の総司令官は、一段と声を張りあげて言った。

「兵士の服従の規律はどこに消えたのか。ローマ人の伝統である秩序尊重の精神は、どこに行ってしまったのか。大隊長や百人隊長は誰が追放したのか」

ゲルマニクスにこう言われて、兵士たちはもう黙ってはいなかった。いっせいに上半身裸になり、戦傷の跡や鞭打(むちう)ちの傷跡を示しながら口々に抗議の声をあげた。どれだけの金を、土木工事を免除してもらうために百人隊長に払わねばならなかったか。おかげで手許に残る給金は、どんなに惨めなものになったか。街道や橋をかける工事が、どれほどの重労働を強いているか。塹壕掘り、防柵づくり、兵糧の運搬、工事に使う木材の伐り出し、燃料用の薪の準備。これらの重労働は必要だからやらされるのならまだしも、兵士たちを遊ばせておかないために、指揮官たちが後から後から考え出してくるのだと言って不満を爆発させたのである。老兵たちは兵役の長さを訴え、新兵たちは、先帝の遺贈金はいつ払ってくれるのかと詰め寄った。そして、老若問わず、かなりの数の兵士たちの口からはまたも、ゲルマニクスに皇位継承の意志があるなら、自分たちも全面的に支援する用意がある、との声があがったのである。

これを聴いたゲルマニクスは、まるで悪霊の声でも聴いたかのように演説台からと び降り、兵士たちに背を見せて、司令官の天幕に向って歩きはじめた。しかしその彼を、抜刀した兵士数人がとり囲み、演台にもどれと迫った。それにゲルマニクスは、声を張りあげて答えた。

「信義に反することをするくらいなら、死んだほうがましだ！」

そして言葉だけでなく、腰に差していた剣を抜き、それを自らの胸に突き立てようとした。近くの者が制止しなかったら、ほんとうに突き刺していただろう。だが、高く振りかざした剣が、かえって兵士たちの反抗心を刺激した。遠くにいた兵までが、「刺したいのなら刺せ！」とわめき、近くにいた一人に至っては自分の短剣をゲルマニクスに差し出し、このほうが切れ味がいいですよ、とまで言った。しかし、高貴な生れの若き総司令官に対するこの無礼に、無礼をした当の兵士たちがまず先に傷ついた。兵士たちがひるんだのを見た幕僚たちは、そのすきにゲルマニクスを天幕に引っ張りこむのに成功した。

司令官用の広い天幕の中では、対策を講ずるための会議が開かれた。ここ低地ゲルマニア軍団の反乱兵たちは、高地ゲルマニアの軍団にも共闘の使いを送ったという情報も入っていた。もしも高地ゲルマニアの四個軍団も反乱に加わるとしたら、彼らがまずやるのは、豊かなウビィ族の根拠地（現ケルン）の略奪と焼打ちだろう。その後は反乱の火は西に燃え移り、ガリアに広まるのは眼に見えていた。また、反徒たちの視線が西に向き防衛線が空（から）になったのを知れば、ライン河の東に住むゲルマン人が押し寄せてくるのも、充分に予測できたのである。ことが大きくなる前になんとしても低地ゲルマニア軍内で解決しなければならないが、それを課されているゲルマニクスには、パンノニアで解決に当ったドゥルーススとはちがって、ティベリウスからのメッセージは送られてこなかった。

ティベリウスは、実の息子ドゥルーススと甥で養子のゲルマニクスを差別したのではない。ゲルマニクスには、軍隊内ならばティベリウスに次ぐ大権を与えてある。法を重視し越権行為を嫌うティベリウスにしてみれば、メッセージを送ることでゲルマニクスの行為を縛るようなことはしたくなかったのだ。しかしティベリウスは、ゲルマニクスとはちがって「第一人者」であった。断崖絶壁に立たされた想いでいた二十八歳の総司令官は、ティベリウスのもつこの権威に頼ろうとしたのである。

ゲルマニクスは、「第一人者」ティベリウスからのものとしたメッセージを書くと決めた。文書偽造だが、それには皇帝ティベリウスが認めたこととして、次の三項が書かれてあった。

一、二十年の兵役終了者には、即時の除隊を許す。

二、十六年の兵役終了者は、予備役に移り、敵襲への迎撃戦以外はすべての任務から解放される。

三、アウグストゥスの遺贈金は、二倍にして支払う。

ところが兵士たちはこれを時間稼ぎと受けとり、即時の実行を要求したのである。それで除隊手続は大隊長たちによってただちにはじめられたが、先帝の遺贈金のほうは、冬営地であるヴェテラ（現クサンテン）にもどった後で支払うと伝えた。だがこれも、第五と第二十一軍団がはねつけた。それでやむをえず、ゲルマニクスも幕僚たちもふところをはたいて集めた金で支払った。これでこの二個軍団の兵士たちは、ようやく冬営地に向けて発ったのである。第一と第二十軍団の兵士たちは冬営地での支払いを受諾したので、司令官カエキーナに率いられて冬営地のケルンに向って出発した。ただし、奪い取ったゲルマニクスの金庫をのせた荷車を先頭に、隊列は乱れ軍旗も引きずりながらという行軍だった。

これで低地ゲルマニア軍の鎮静化は成ったと考えたゲルマニクスは、高地ゲルマニア軍のところに急行した。これまで低地ゲルマニアの同輩たちの反乱を静観していた彼らに対しても、なるべく早く手を打つ必要があった。ライン河上流を守る高地ゲルマニアの四個軍団は、シリウス司令官の指揮下、すでにモゴンティアクム（現マインツ）の冬営地に入っていた。

マインツの冬営地に到着したゲルマニクスは、ただちに兵士たちを召集し、新皇帝ティベリウスへの忠誠の誓いを求めた。すでに冬営地入りしていて気分もおだやかになっていたのか、第二、第十三、第十六の三個軍団の兵士たちは、ためらうこともなく宣誓をした。だが、第十四軍団の兵士だけがためらいを見せた。これが他にも及ぶ

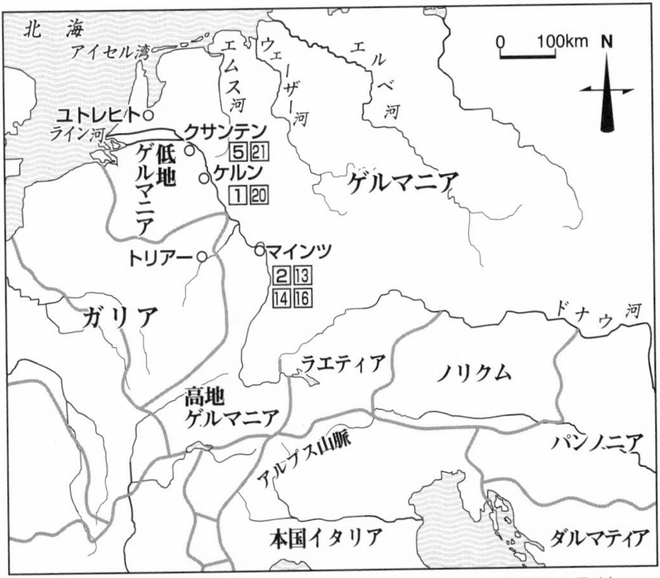

ライン軍団の配置（都市名につづく□内の数字は冬営する各軍団を示す）

ことを怖れたゲルマニクスは、誰一人要求したわけでもないのに、高地ゲルマニアの四個軍団にも、低地ゲルマニアの兵たちに与えたと同様の特典を認めたのである。第十四軍団も、これで新皇帝への忠誠を誓った。高地ゲルマニア軍団はこれで心配なくなったと思ったゲルマニクスは、またもやライン河沿いを北に馬を駆り、ケルンに向った。ケルンの冬営地には、元老院からの使節団が到着することになっていた。

元老院からの使節団の来訪

目的は、ただ単にゲルマニクスに与えられた大権の公式通達にすぎなかったのだが、元老院議員たちの姿を見た兵士たちは誤解したのである。ゲルマニクスから勝ちとった特典を、白紙にもどすための来訪かと思いこんでしまったのだった。ケルンの冬営地には、第一と第二十軍団の他に、除隊の手続を待つ古参兵が集まっていた。白紙撤回を誰よりも怖れた彼らが暴動再発の火をつけた。

深夜にもかかわらず彼らは、総司令官の官舎に押しかけた。冬営用の軍団基地だけに、官舎も天幕ではない。一戸建ての邸宅で、ローマ人が「ヴィラ」と呼ぶ造りになっている。そのヴィラの奥にあるゲルマニクスの寝室にまで押しかけたのだから、これはもう兵士ではなく暴徒だった。その夜はひとまず撃退したが、これで暴動は基地全体に広まった。

翌朝早く、ゲルマニクスは全兵士を召集した。そして、老兵たちの怒りの的になっていた使節団の団長のプランクスも壇上にあげ、使節団来訪の目的を兵士たちに説明したのである。兵士たちは、これで少しはおとなしくなった。

しかし、情況が好転したとは誰にも思えなかった。幕僚の一人はゲルマニクスに、高地ゲルマニア軍の冬営地に移ってはどうかと進言した。マインツにいる四個軍団なら皇帝への忠誠宣誓も終えているから、安全だというのである。責任感ならば人一倍強いゲルマニクスには受け容れるなど不可能な進言だったが、せめて家族は避難させるべきとの進言は、おおいに迷った末に受け容れることに決めた。迷ったのは、妻のアグリッピーナが反対したからである。アグリッピーナは、アウグストゥスの血を継ぐ自分は危険など怖れないと言って譲らなかった。その妻を、妊娠中の身であることと二歳の幼児もいることを理由に説得し、まるで敵軍に襲われて逃げでもするかのような避難行の準備がはじまった。

総司令官の妻と子とともに、司令官たちの家族も避難することになった。避難先は、マインツにある高地ゲルマニア軍団の基地ではなく、ガリアの属州と決まった。ローマ軍団の兵士たちの間よりも、ガリアの属州民のところに行くほうが安全と思われたからである。

しかし、荷車の準備や避難行に従う女奴隷たちの泣き声に眠りを破られた兵士たちが、兵舎の外に出てきた。彼らが眼にしたのは、荷車にゆられて去ろうとしている幼な児を胸に抱いた姿のアグリッピーナと、それにつづく高官たちの妻と少数の護衛兵だった。しかも行き先は、ローマ人の居住先ではなく属州民のところであるという。これが、ローマ人である兵士たちの胸を突き刺した。歴史家タキトゥスの叙述を直訳

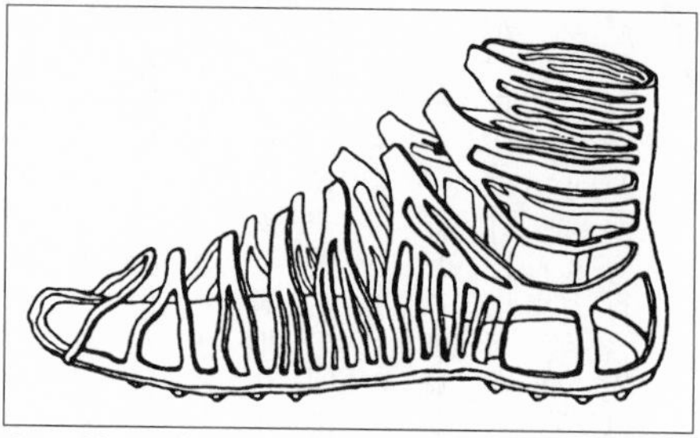

カリガ（caliga）　ローマ軍団の百人隊長（近代軍の下士官に近し）以下の兵士用軍靴。革製、編上げ式のサンダル

すれば、「哀れさと恥の想いでいっぱいになった」。

アグリッピーナの胸に抱かれて去ろうとしていた幼な児はゲルマニクスの三男にあたるガイウスで、軍団兵たちのマスコットであったのだ。兵士たちはこの愛らしい幼児に、幼児用に特別に仕立てた軍団兵の服を着せ、ローマ兵の軍靴であるカリガと呼ばれるサンダル式の靴の幼児用まで作ってはかせて可愛がっていたのである。小型のカリガ、つまり「ちびっ子カリガ」の意味の「カリグラ」という愛称が、兵士たちが総司令官の幼ない三男を呼ぶときの名になっていた。その子が、自分たちのせいで安全で快適な官舎を追い出されようとしている。しかも身の安全を、ローマ人が一段下に見ているガリア人の手にゆだねるという。兵士たちは、門を出ようとしていた荷車のところに駆け寄り、アグリッピーナに、もどってくれるよう懇願した。他の兵たちはゲルマニクスの許に駆けつけ、ローマ軍団の恥になるようなことはやめさせてくれと願った。壇上に駆け登ったゲルマニクスは、この機にと思ったのか、大声で兵士たちに向って話しはじめた。この演説を、少々長いが全訳する。ゲルマニクスの性格が実によく反映されていると思うからである。

「妻も息子もわたしにとっては、父皇帝や彼が治める国家ローマよりも重要な存在ではない。とはいえわが父（ティベリウス）は、自らの権威で帝国と軍隊を統治するであろうから安心している。わたしのほうは、妻と息子をお前たちの栄光のためなら犠牲に供する覚悟はあった。だが今は、彼らをお前たちから離す。気が狂い暴徒と化したお前たちが犯すであろう犯罪が、せめてはわたしの血を流すところでとどまり、アウグストゥスの孫娘でティベリウスの嫁である女人の殺害にまで及ばないようにするためだ。

ここ数日のお前たちは、ありとあらゆる蛮行をしてきた。暴徒の群れでしかないものを、何と呼べばよいのか。総司令官でもある皇帝の息子を攻め囲むような連中を、兵士と呼べようか。使節団の元老院議員に無礼を働いた者どもを、市民と呼べるだろうか。お前たちは、敵さえも敬意を払ってきたローマ人の特質である使節の安全から人権の尊重まで、すべてを蹂躙（じゅうりん）したのだ。

神君カエサルは、司令官の命には従うとした誓約を破った兵士たちに、『市民諸君』

と呼びかけただけで彼らを正気にもどすことができた。神君アウグストゥスは、兵士たちの前に姿を現わしただけで、彼らを怖れおののかせることができた。わたしにはこの二人のような器量はないにしても、部下の兵士たちにスペインやシリアで勤務する同輩に軽蔑されるようなことをさせたのでは、後々までも顔向けがならないというもの。

お前たち、第一、第二十軍団の兵士たちよ、お前たちはつい二年前まではティベリウスに率いられてゲルマニアの原野を転戦し、蛮族に勝ち、多くの褒賞を与えられた兵士たちである。それなのにこのわたしに、父ティベリウスが他のどの軍団からも得ていない悪報を持って行けというのか。百人隊長を殺し大隊長を追い出し元老院議員を捕囚にし、基地を血で汚し河を血で染めたほどの敵意に満ちた兵の中で、やっと生き長らえている総司令官という、惨めな現状を報告しろと言うのか。

まったく、最初の日にわたしが自らを刺そうとした剣を奪った友は、今から思えば友ではない。それどころか、短剣を差し出した兵士のほうが、今から思えばわたしの味方だった。あのときに死んでおけば、その後につづいたお前たちの蛮行を見ることもなかったのだし、お前たちがわたしの代わりに選んだであろう総司令官が、少なくとも（ゲルマン人にテウトブルグの森で惨殺された）ヴァルスと三個軍団の復讐はし遂げてくれたことだろう。なぜなら、ローマ人に対して成された屈辱は、ローマ人によって晴らされねばならず、たとえ申し出があろうとも、そのような名誉ある行為をガリアの属州民にさせることは神々が禁じているからだ。

おお、今や天上にある神君アウグストゥスよ、若くしてゲルマニアの地で倒れた父ドゥルーススよ、ここにいる兵士たちの心から罪と汚れを洗い流してくださるよう。そして、ローマ人同士の間で爆発した怒りが、今度は敵のゲルマン人相手に爆発するのを助けてくださるよう。

さてお前たちも、今では表情も振舞いもいつもの兵士にもどったようだが、使節団を解放し、皇帝には忠誠を誓い、わたしには妻と子を返してくれるつもりならば、蛮行はやめて首謀者を差し出すのが何よりの証しだ。それをしてこそ、わたしもお前たちの後悔を心から信ずることもでき、お前たちの忠誠も確実なものになるだろう」

兵士たちの心は、後悔でいっぱいだった。ゲルマニクスの非難の言葉も、いちいちもっともだと思って聴いたのである。演説が終るや彼らの中から、多くの声があがった。

「アグリッピーナを呼びもどしてくれ」

「われわれの間で育ったカリグラを、ガリア人のところになど送らないでくれ」
「罪を犯したわれわれを、敵に向って率いてくれ」

ゲルマニクスは、妊娠の身であることと冬であることを理由に、アグリッピーナの帰還は認めなかった。だがカリグラは、いずれはもどってくるだろうと答えた。そして、他のことはお前たちしだいだ、と言い残して官舎に去った。

兵士たちは、自らの犯した罪のつぐないをするのを急いだ。目立って暴力行為を働いたとされた者が、鎖つきで次々と、第一軍団の軍団長の前に連れてこられた。裁判なるものは、次のようにして進んだ。抜刀した兵たちが囲む演台の上に一人ずつ登らされた者が有罪か無罪かを、大隊長の一人が集まった兵士全員に問う。有罪と叫ぶ声が多ければ、その者は壇の下に突き落されて殺される。一人が殺されるごとに、兵士たちの間からは歓声が巻き起こった。まるで、つい先頃までは仲間であった者を殺すことで、自分の罪が消えたとでもいうかのようだった。

ゲルマニクスは放っておいた。彼にすれば、人身御供（ひとみごくう）の慣習からはごく早期に脱していたローマ人にとっては野蛮で残酷な蛮行にはちがいないが、この蛮行も彼が命令してやらせたのではなく、兵士たちの自発的な意志の結果であるという弁解が成り立ったからである。

だが彼は、蛮行には訴えなかったものの、兵士たちの憎悪の的になっていた百人隊長たちの再編成はやった。それも、後にゲルマニクスを有名にする、〝民主的〟な方法で実施したのである。

百人隊長は一人ずつ、総司令官の前に呼ばれ、姓名、所属百人隊、出身地、勤続年数、戦功の有無等を申告させられる。その後で、もしも直属上司である大隊長や所属軍団の兵士たちがこの百人隊長の勤勉と正直さを認めたならば勤務続行、反対にその者が貪欲で残忍とされると解任、となった。

ケルンの冬営基地の秩序は、こうして回復された。だが、クサンテンの冬営地にいる第五と第二十一軍団の兵士たちが、ケルンでの〝裁判〟を知って騒然となった。ゲルマニア軍団で起こった暴動は、彼らがまずはじめたのである。しかも、どの軍団よりも強硬で終始したのも彼らなのであった。罰されるとなれば、誰よりも彼らがそれに値した。ゲルマニクスは、ことが大きくならないうちに手を打つことに決める。必要となれば、同じローマ兵に対してであろうと武力に訴えるつもりだった。ケルンもクサンテンも、ライン河に沿う基地である。ゲルマニクスは、河を下る船の用意を命じた。しかし、ケルンを出発する前に秘密の手紙をもたせた急使を、クサンテンの冬営地を預かる司令官カエキーナの許に送った。手紙には、軍団を率いてラインを下る、自分が着くまでに処置しておくよう、でなければ、クサンテンの冬営地全体を敵にすることになる、と書いてあった。

カエキーナはそれを、騒乱に参加していない兵士たちを集めた席で伝えた。誰もが、自分を守るためにも決起するしかないということで一致した。

合図をもとにはじまった深夜の同士討ちは、凄惨をきわめた。敵との戦闘ではない。昼は同じ食堂で食事をし、夜は隣りあった寝台に眠った仲である。そして夜の闇が、的を正確にしぼることを不可能にした。こうして、無実の兵士までが殺された。

到着したゲルマニクスが眼にしたのは、血の匂いが漂い、殺された兵たちの死体が散乱するローマ軍基地の惨状だった。ゲルマニクスは、これは処置ではなくて虐殺だと嘆いたが、死体を焼くよう命ずることしかできなかった。

しかし、仲間殺しによる血の匂いは、生存者さえも凶暴にしていた。ゲルマニクスは、血に狂った兵士たちを平常にもどす道は、別の血を浴びるしかないと考えた。内乱時でもないのに同士討ちという、ローマ軍団では前代未聞の汚名をそそぐには、敵に向って撃って出るしかないと考えたのである。彼は、戦闘の季節もはずれた十月末になっていたにかかわらず、ライン河に橋をかけるよう命じた。

ライン河の東側に住むゲルマン人こそいい迷惑だった。この季節ではローマ人も攻めてこないと思って祭りに熱中していたところに、血に餓えた大軍が襲いかかったのだ。不意討ちなのだから、ローマ側の勝利に終ったのも当然だ。ゲルマン人を血祭りにあげてようやく汚名をそそいだ気になったローマ兵は、今度は従順に、百人隊長に率いられてケルンとクサンテンの冬営地にもどって行った。ゲルマニクスもようやく、ローマのティベリウスに、ゲルマニア軍団反乱の鎮圧を報告することができたのであった。

ティベリウスは元老院を召集し、その席で議員たちに向って、パンノニアとゲルマニアでの兵士の反乱は、ドゥルーススとゲルマニクスの二人の努力で解決した、と告げた。次いで、ゲルマニクスが兵士たちに与えた三つの特典は、ゲルマニア駐屯の八個軍団だけでなくパンノニアの三個軍団の兵士たちにも認めるよう、元老院に依頼した。片方には譲歩しておいて、別の片方には認めないというわけにはいかなかったのだ。そのようなことをしようものなら、パンノニアの軍団が再度反乱を起こしかねないからだった。元老院も同感であったとみえ、それは認められた。

その日のティベリウスの口からは、自分の名を騙って の文書偽造までして兵士たちに譲歩した、ゲルマニクスを非難するような言葉は一言も吐かれなかった。だが、この種の譲歩は極度に嫌ったティベリウスの性格を考えれば、この日の彼の胸中を想像するのはむずかしくない。実際、しばらくして、三項のうちの二項、兵役期間を十六年に短縮することとアウグストゥスの遺贈金を二倍にして支払うことの二つは、ティベリウスの意向に元老院も賛成して、完全に白紙にもどされたのである。しかしティベリウスは、満期である二十年後の退役という一事は、厳守するよう努め、しかも実行した。兵士とは常に、満期除隊を夢見るものであるということを、辺境での軍務経験豊かな彼は充分に理解していた。軍団兵の退職金の財源確保のためには、不人気だった売上げ税の廃止の声にも耳を貸さなかったのである。

皇帝就任直後のティベリウスは、首都ローマで、パンノニアとゲルマニアでの騒乱の結果を待つことのみで過ごしていたのではない。軍団の反乱に関してはゲルマニクスとドゥルーススの二人にまかせていたことも事実だが、ローマ帝国は広く、統治する人種も民族も宗教も文化も多岐にわたり、解決を迫られる課題は跡を絶たなかった。

公衆安全

五十五歳で「第一人者（プリンチエプス）」に、と言っても事実上の皇帝に就任した当初からティベリウスは、自分が不人気な皇帝で終るであろうことを予測していたのではないかと思う。なぜなら彼は、就任のはじめから一貫して、まるであきらめでもしたかのように、人気取り政策には関心を示さなかったからである。

ローマ帝国とは、ユリウス・カエサルが設計図を書き、アウグストゥスがそれに基づいて構築した大建造物のようなものである。だがその建物も、設計の意図を解さない人の手に渡ろうものなら、設計図にはなかった改造など加えられたりして、当初の建造物とはまったく別のものに変ってしまう危険がある。そのような変形を防ぐには、設計者の意図もそれに基づいて構築した人の考えも完全に理解している人物が建物の持主になり、後から誰が手を加えようにも絶対に基本型は変えること不可能というくらいの堅固な建造物にして後に遺(のこ)さねばならない。ティベリウスに課されたのは、地味でありながら苦労ならば劣らないこの任務であった。そして、後を託して死んだアウグストゥスを除けばほとんど彼だけが、自分に課された任務の性質を理解していたのである。

「平和(パクス)」とは、外敵からの防衛だけで実現できるものではない。人々が安全な日常を過ごせてこそ、真の「平和」なのである。「パクス・ロマーナ」(ローマによる平和)

とは、この両方の「パクス」を意味した。

皇帝就任直後にティベリウスが行った政策の一つは、本国イタリアの公衆安全対策の完備であった。家から一歩外に出れば身の安全も保証できないようでは、生活していくのに必要な社会活動は停滞してしまう。また、人心も荒れる。泥棒、強盗、傷害、殺人、それに加えて闘技場の〝フーリガン〟まで、公衆の安全を阻害することすべては絶対に許さないという方針を明らかにしたのである。アウグストゥスが創設した近衛軍団九千の兵士も、都心部からは離れても首都ローマの東北に、常設の基地を建設してそこに全員を集めることに決めた。「近衛軍団（プレトリア）」の出動先から見ても、現代の国々の警察の働きもしていたようである。ローマ帝国は、帝国の本国であるイタリア半島に軍団を置いていなかった。ゆえに本国イタリアに置かれた唯一の軍事力である近衛軍団の任務の主たるものは、本国の秩序維持であったのだ。

しかし、「公正（ユスティティア）」こそが最高の「安全保障（セクリタス）」なのである。そして公正は、司法が機能してこそ保証される。ローマの裁判では、告発者が告訴理由を述べるのに二日、弁護側の弁論に三日が費やされるのが決まりだったが、重要裁判ともなればティベリウスは、陪審員による判決までのすべてに出席した。とくに、属州総督の任期中の不正を裁く裁判には熱心だった。背が高く頑丈な体格をゆったりした白い長衣（トーガ）につつみ、大きな眼の光は射るように鋭く、笑うことはほとんどなく、舌鋒鋭く被告に質問を浴びせるティベリウスは、政治家よりも検事に近かったろう。その場にいるだけで、威圧感を感じさせてしまう人だった。

緊縮財政

とはいえ、公正とは、司法に限らず、善政の根本でもある税制にもあてはまる。ティベリウスの税制に対する考え方は、これまた終始一貫していた。税金の値上げだけはしない、の一点で一貫していたのである。ただしそれは、先帝アウグストゥスが定めたことだから守る、という理由だけではなく、ティベリウス自身がその合理性を認めていたからである。（アウグストゥスの税制に関しては、第Ⅵ巻の二一〇頁＝文庫版第15巻一一八頁＝参照）

しかし、国家の財政とは、別に新規の支出を決めたわけでもないのになぜか増えてしまうという宿命をもつ。帝国の領域は拡大していないのだが、アウグストゥスの行った税制改革からはすでに半世紀が過ぎていた。税制はこのままで良いが、個々の税率は、その中でもとくに属州民に課される税金の率は上げてはどうか、という議論がわきあがったのである。それにティベリウスは、次のように答えた。

「あなた方は羊を、殺して肉を食すよりも毛を刈りとる対象として考えるべきである」

〝羊〟とはどうも直接すぎる言い方だが、当の羊の身になればどうだろう。殺されて食べられてしまうよりも、年に一度毛を刈りとられるほうがよいと思いはしないか。また、殺されるならば非力をつくしても反抗するだろうが、年に一度の一〇パーセントの属州税をとられるのならば従順にしていてもよい。それに、「ローマによる平和（パクス・ロマーナ）」のおかげで、近隣の部族との抗争にエネルギーを費やす必要もなくなり、他民族の侵略とか山賊や海賊の襲撃とかいう〝狼（おおかみ）〟対策も、今では覇権者ローマが考えてくれる。このように属州民が思ってくれれば、それがローマにとっても、軍事力を増大しないでも確立可能な「安全保障（セクリタス）」になるというのが、アウグストゥスが考えティベリウスも賛同した「合理性」なのであった。

とはいっても、放っておけば歳出ばかりが増えてしまうのが宿命でもある国家財政はどうにかしなければならない。帝国運営上の合理性を貫くためにも、その中には兵役年限の二十年を厳守することもあったが、健全財政の確立はティベリウスにとっては急務になった。

アウグストゥスが、放漫財政であったのではない。だが、この帝国創設者は、創設者であるからこその人気取り政策を忘れるわけにはいかなかった。言ってみればアウグストゥスには、不人気などという贅沢は許されなかったのだ。アウグストゥスが打ち立てたローマ皇帝なる地位は、元老院とローマ市民の承認を得なければ公式には就くことができない。また、この二者が承認は撤回するなどと言い出そうものなら、皇帝の地位も危うくなるのだった。

しかし、「承認」と言おうとも「選挙」と考えようとも、「有権者」は人気不人気だけでは決めはしない。ラテン語ではヴィルトゥス、つまり才能や力量や業績を評価したうえで支持をつづけると決める人だって多い。人気取り政策であろうとも公益と一致する必要は、すべてがそうではなかったとしても、やはりあったのである。

エジプトを代表する建築はファラオの死後のためのピラミッドであり、ギリシアを代表する建築は人々を保護してくれる神々に捧げた神殿であるのに比して、ローマの代表建築をあげよと言われれば、人々の現世の生活に役立つ街道、水道、橋、会堂、港湾、浴場等のインフラストラクチャーであったと答えるしかない。ローマで公益重視の工事が盛んであったのは、それを行うことがエリートの責務であるとする伝統が存在したからである。人気取り政策と公益は、このローマではごく自然に共存し共栄できた。

アウグストゥスが、はじめのうちはライヴァルのアントニウスへの対抗策として、ライヴァルを降(くだ)して以後は帝政の基盤固めとして、四十年の間に成しとげた公共事業はおびただしい数にのぼる。協力者であったアグリッパとマエケナスの二人にも分担してもらったにせよ、「レンガのローマを受け継いだのを、大理石のローマにして後世に遺す」と豪語する資格は充分にあったのだ。『業績録』にも誇らし気に列記しているところを見れば、公共事業が人気取り政策でもあったことがわかる。

では、このアウグストゥスを継いだティベリウスはどうしたのか。結論を先に述べれば、必要に迫られないかぎり行わない、であった。彼が必要に迫られていたのは、財政再建のほうであったからだ。やらないと決められたのも、アウグストゥスが建てすぎと言ってよいくらいに建てたからである。これらのメンテナンスだけでも、相当な額の支出を必要とした。

ティベリウスが必要に迫られて行った公共工事は、最も直接に人気に影響してくる首都ローマではたったの二つである。第一は、アウグストゥス神殿。神君になった先帝には、それに捧げた神殿を献納する必要があった。第二は、ポンペイウス劇場の全面改装である。ローマではいまだ二箇所しかない石造の常設劇場の一つなので利用回数も多く、メンテナンスでは追いつかず改装はしばしばする必要があった。

とはいえ、首都でも本国でも公共工事には不熱心であったティベリウスも、属州では行っている。ドナウ河という帝国の防衛線を控えるパンノニア地方ではとくに多く、また北アフリカでも、それを示す碑文が発掘されている。だがこれらの場合でも、実用面を重視したティベリウスを反映して、劇場を新設するなどという派手なことはせず、街道や橋のようなインフラ工事がもっぱらであった。

ローマ人はまた、見世物を提供するのも、指導者クラスに連なる人の義務と考えていた。古代ローマ、と言えば二千年後の現代でも連想する「パンとサーカス」の、サーカス、ラテン語では「チルクス」(circus)のほうである。ちなみに「パン」は、小麦の無料配給のことである。累進(るいしん)課税制度などなかった時代だ。裕福な人はますます裕福になるのだから、何かでそれを恵まれない人々に還元してこそ社会の安定に寄与することになる。古代ギリシアでは演劇を提供したものだが、古代のローマでは剣闘士試合をはじめとする種々の見世物だった。

この面でもアウグストゥスは、義父カエサルに似て熱心だった。『業績録』に記されたものだけでも次のようになる。

剣闘士試合——八回、帝国中から集めた競技者による体育競技会——三回、戦車競走——七回、戦いの神マルスに捧げた競技会——毎年、アフリカ野獣狩りの見世物——二十六回、模擬海戦——一回。ただしこの数は、四十年もの間の数である。

アウグストゥスの後を継いだティベリウスは、戦いの神マルスに捧げた競技会のように宗教祭儀と合わせて開かれるもの以外のすべての、提供者になることをやめてしまったのである。法律で禁じたのではない。皇帝がスポンサーになるのをやめてしまったのだ。とくに剣闘士試合の開催には冷淡だった。ティベリウス自身が好まなかったという理由もある。だが、カエサルもアウグストゥスも、別に好きであったわけではなかったのだ。知識階級に属す人々には、死者の出る確率の高いこのスポーツを嫌う人が多かった。しかし、庶民は熱狂したのだ。そして、ローマの庶民はローマ市民権所有者であり、そうであることで「有権者」でもあった。

また、見世物とはいっても、それで生活の糧（かて）を得ている人も少なくない。事実、これでは失業だと、剣闘士たちから抗議の声があがったくらいである。彼らは、死と隣りあわせのこの危険な職業に就くことによって大金を稼ぎ、女たちの嬌声（きょうせい）を浴びる存在でもあったのだ。剣闘士と駆け落ちした、元老院議員の娘までいた。ローマ人にすれば、少々残酷なボクシング、ではなかったかと思う。

ティベリウスは、執政官以下の要職の選挙の場を、市民集会から元老院に移していた。これは、元老院議員たちには好評だった。だがこれも、庶民から、見世物を無料で楽しむ機会を奪うことになった。

要職が元老院議員の互選で決まるようになれば、立候補する元老院議員には選挙運動の必要がなくなる。市民が有権者であった時代の選挙運動とは、見世物のスポンサーになって有権者たちを無料招待することが主体で、それ以外は自家の「クリエンテス」たちを総動員しての説得工作や、人によっては金（かね）で票を買うことまでしていたのである。これほどまでしても経費以外は無報酬の国家の要職を欲したのは、それらが「名誉あるコース（クルスス）」と呼ばれ、国家の指導層に属す者という証明になっていたからであった。

これらの選挙運動に要する莫大（ばくだい）な金を節約できるようになったのだから元老院が喜んだのも当然だが、有権者であったローマの平民にしてみれば、無料で見世物を楽しむ機会が失われたのに加え、一年に一度の選挙の時期がくるたびに期待できた、ちょっとした臨時収入までフイにされたことになった。また、庶民にとってのもう一つ別のボーナスも、ティベリウス時代になってからは期待できなくなったのである。

ローマ皇帝の地位が、元老院議員とローマ市民権所有者という「有権者」しだいであることを熟知していたアウグストゥスは、熟知するのも当り前で彼こそがこのシステムの創始者であったからだが、そのアウグストゥスだけに、この両有権者への経済面での優遇策を忘れていない。

元老院議員は名誉職であるため、たとえ属州総督として赴任しても無報酬である。それが可能なように百万セステルティウスの資格資産をもたなければならないと定めたのはアウグストゥスだが、資格資産を欠く状態になってしまった元老院議員には、皇帝は援助を惜しまなかったのである。とはいえ、この援助は皇帝の要請を元老院が議決して実施に移される。ということは、貧困元老院議員を対象とした国費による福祉対策であった。

また、ローマ市民権所有者の中でもアッパー・ミドルという感じの「騎士階級（エクイタス）」（経済界）に属す市民については、この人々の経済能力を活かして、徴税事務全般を担当する「皇帝財務官（プロクラトール・インペリアーレ）」をはじめとする各種の行政官僚職に登用している。これらの行政官僚職は有給だった。

そして、ロワー・ミドルとしてもよいローマの平民に対しては、賜金（しきん）という名のボーナスをしばしば与えたのである。こちらのほうは皇帝が自腹を切るのだから、元老院に諮（はか）る必要はなかった。そしてそれは、『業績録』によれば次のようになる。

紀元前二九年――首都のローマ市民一人あたりに四百セステルティウス。もらった人の数、二十五万。

同年――帝国全域に散在する植民都市（コローニア）に住むローマ市民に、一千セステルティウスずつ。与えられた人の数、十二万。

紀元前二四年――首都のローマ市民一人につき四百セステルティウス。

紀元前二三年――自腹を切って購入した小麦を、十二回に分けて無料配給。

紀元前一二年――一人につき四百セステルティウス。もらった人の数、二十五万。

紀元前五年――これまた首都の市民一人につき、二百四十セステルティウス。もらった人の数、三十二万。

紀元前二年――国から小麦の無料配給を受ける権利を与えられている貧困市民に、一人当り二百四十セステルティウスを。もらった人、二十万人を少し越える数に。

ではティベリウスは、どう対したのか。

百万セステルティウスの資格資産も欠くようになった元老院議員の救済を、彼は拒否したのではなかった。ただ、当の議員自身が元老院の議場で、自らの財政状態の危機を訴えた場合に限るとしたのである。人前で恥をさらすのは誰でも嫌う。援助を求める元老院議員の数は激減した。ティベリウスは、勝手に浪費したあげくの破産までは、救済の必要を認めなかったのである。

「騎士階級」の活用に関してのティベリウスの態度は、先任者アウグストゥスのそれとまったく変っていない。いや、経済面だけでなく軍団長クラスにまで登用したのだから、このローマ社会の第二階級の活用には、より積極的であったと言うべきかもしれない。

そして平民対策だが、二代皇帝ティベリウスは、皇帝からの賜金という名のボーナスは全廃したのである。ただし、グラックス兄弟の弟のガイウス・グラックスが法制化して以来百五十年もの長い間つづいている、「小麦法（レックス・フルメンティア）」によって保証された貧民への小麦の無料配給は廃止していない。廃止どころか、カエサルが十五万と決めた給付者数を「二十万を少し越える数」にしてしまったのはアウグストゥスだが、ティベリウスはこの数を減らしてもいない。「小麦法」が、ローマ人が「プロレターリ」と呼んだ無産者たちへの、社会福祉政策であったからである。

しかし、アウグストゥス時代と同じ規模での支出がつづいていたとしたら、市民権所有者の数も増える一方でもあり、いずれは国家財政は破綻し、税の値上げも避けられなくなっていただろう。属州税を値上げすれば、属州民の反乱が起きる。反乱を押さえこむには軍団の出動を待つしかなく、これまでは国境の外の敵に対するだけでよかったローマ軍団は、国境の内にも敵をもつことになり、ローマ帝国の軍事力の増強は避けられなくなる。軍事力の増強は国家財政を圧迫せずにはすまず、結局は税の値上げにつながらざるをえないのだ。この悪循環に落ちこむ前に、国家財政の健全化は成されねばならなかった。アウグストゥスの死の直後に起こった軍団の反乱も、財政破綻の予兆でもあったのだ。退職金にあてる財源のメドがつかないままに、満期を迎えている兵士でも除隊させることができず、二十年が約束のところを三十年、ないしは四十年も現役に留めておくという事態まで起こっていたのである。これを放置しておいては、ローマ兵の士気に悪影響を及ぼすにとどまらず、大帝国の防衛体制そのものが崩壊しかねないのだった。

財政再建は、ティベリウスにとっては急務だった。そして、税金の値上げなしでそれを実現しなければならない彼にとって、緊縮財政しか道はなかったのである。ただしこれは、彼個人の不人気を覚悟することでもあった。

財政の健全化の必要はわかったが、経済には無知の私でも、想像ならば働かせてみたくなる。ティベリウスが断行しつつあった緊縮政策によって、ローマ帝国は不景気にならなかったのであろうか、と。アウグストゥス時代までの公共事業や見世物は、経済活動の活性化につながっていたはずであり、皇帝からのボーナスは、消費の活性化に役立っていたにちがいないのだから。ティベリウスは、これを全廃か、でなくても極度に押さえたのである。

しかし、よく考えれば、この心配は無用であることがわかる。

まず、新規の工事は減りはしても、不断のメンテナンスを必要とする建物や水道や街道はすさまじい数と量であった。ローマのエンジニアは、「石は味方で水は敵」と言っている。ちょっとしたくぼみでも、風はそこに土を運んでくる。植物の種も運んでくる。そこに雨が降る。雑草は少しずつ、根を張りめぐらす。吹けばとぶような雑草が、大建築崩壊への原因になりかねないのだ。建物でも街道でも、土や水が溜まらないように表面は絶対に滑らかにしておかねばならなかった。不断の管理と修理だけが、それを可能にしたのである。新規の工事は減っても、公共事業関係につぎこまれる資金と人と技術が多大なものになることでは変りはなかったのだ。

最大のスポンサーであった皇帝が見世物の提供から降りてしまった一件は、剣闘士たちの抗議の例が示すように、それに従事する人々に限れば、経済上の影響を与えずにはすまなかったかもしれない。だが、これによって起こった不満は、タダで見世物を楽しむ機会を奪われた不満のほうであった。この種の産業は、古代では、雇用確保とするには部分的すぎた。

賜金という名のボーナスとて、四十年余のアウグストゥスの治世中で七度を数えるのみ。平均すれば六年に一度のボーナスであって、消費の活性化に影響を与えるほどではなかったろう。

そして、広大な帝国の運営をティベリウスが担当するようになった紀元一世紀の前半ともなれば、アウグストゥスが築きあげたローマ帝国という一大経済圏も相当な程度に機能するようになり、それゆえに国庫の収入自体も増えたのである。属州の中でも「皇帝属州」と呼ばれた地方は、もともと文明度の高いシリアを除けば、そのほとんどが経済力の低い地帯だったのだ。収益の十分の一の属州税も、多くは望めない地方であった。その、南仏を除いたガリア全体、南スペインを除いたヒスパニア全体、の経済力が向上してきたのである。理由の第一は、安全が保障されるようになったこと。第二は、街道網をはじめとするインフラストラクチャーの整備であった。

人間は、安全となれば定着する。「移動」と「定着」の場合のエネルギーの活用度と富の蓄積度の差を考えれば、定着のケースの有利は明らかであろう。ティベリウスの時代よりも五十年も昔にすでに、カエサルによってゲルマン民族の侵略の怖れ(おそ)から解放されたガリア人が、それまでの狩猟民族から農耕民族に変ったという史実まである。そして〝インフラ〟の普及は、農畜産物の流通を促進した。

このように経済が向上しつつあった時代、緊縮財政策と言ってもすべての分野で経費を削減する必要まではなく、単なるムダか、それとも必要不可欠ではないとされた分野の経費削減で、充分ではなかったかと思う。不景気には至らなかったのだ。しかし人間とは眼で見、手でさわれるもので判断しがちである。実体経済では不景気でないのに、不景気感というものもある。アウグストゥスと比べてティベリウスには、「ケチ」の評価が定着したのであった。

ゲルマニア撤退

アウグストゥスの後を継いだティベリウスに課された任務は、第一に皇帝の地位の確立による帝政の堅固化、第二に国家財政の健全化、そして第三は、北の防衛線をライン河で留めるか、それともエルベ河まで拡張するか、の戦略上の問題であった。
後世のわれわれならば当り前だが、ティベリウスの時代からは百年後のタキトゥス時代のローマ人ですら、自分たちの帝国の北の防衛線がライン河であることを既成の事実として認識していた。だが、アウグストゥス時代のローマが、エルベ河までのゲルマニアの地の全制覇を試みたことも事実なのである。それをいつ誰が断念したのかは、当時のローマ人でも知らなかった。アウグストゥスもティベリウスも、一言も言い遺さなかったからである。征服を意図しての軍勢を派遣しておきながら結局は撤退したなどというローマ史上かつてなかった不名誉だけに、当事者の二人ともが沈黙を選んだのであろうか。それともアウグストゥスは、死ぬまでゲルマン民族の制覇をあきらめなかったのか。ゆえに撤退の決断は、ティベリウスが下したのか。
現代の学者たちからは「野心が過ぎた」とされるアウグストゥスによるゲルマニア征服の試みは、妻リヴィアの連れ子の一人のドゥルーススに率いさせた軍団を送った紀元前一二年にはじまる。大胆な戦略を駆使したドゥルーススは、前一一年、前一〇年とゲルマニアの原野を転戦し、前九年にはついにエルベ河に達した。だが、この帰途に落馬がもとで若い命を終える。翌前八年から前七年までのゲルマニア戦線の総指揮は実兄のティベリウスに代わったが、アウグストゥスの戦況把握の甘さからローマ軍は決定的な行動に出ず、前六年にはティベリウスもロードス島に引退してしまう。ゲルマニア戦線に活気がもどってきたのは紀元後四年、ティベリウスが戦線復帰をしてからであった。翌五年、ティベリウスの率いるローマ軍団は、再度エルベ河まで兵を進める。ローマにいるアウグストゥスも、ゲルマン民族の完全制覇を眼前にする想いであったろう。

だが紀元七年、ライン河と並んでローマの二大防衛線の一つであるドナウ河の南に位置するパンノニアとダルマティアで、原住民の大反乱が勃発したのである。その処理を託せる武将はティベリウスしかなく、彼の去ったゲルマニア戦線は、アウグストゥスの血をひく女人と結婚していたヴァルスに託された。そして、紀元九年秋に起きた惨事、テウトブルグの森でのヴァルスと三個軍団の全滅（第Ⅵ巻三二九頁＝文庫版第16巻九二頁＝以降参照）、である。ゲルマニア制覇を望むアウグストゥスにとっては強烈な打撃だったが、皇帝はまだあきらめなかった。ティベリウスには三度目になる、ゲルマニア戦役担当の総司令官就任である。彼の率いるローマ軍のゲルマニア原野の転戦は、紀元一〇年、一一年、一二年と、三年間に及んだ。

しかし、紀元一三年には、アウグストゥスはティベリウスをローマに呼びもどしている。自らの死が近づいたのを知り、ティベリウスに皇帝の権力を分与するのが理由だったが、私の推測では、もはや完了間近と判断したゲルマニア制覇を、ゲルマニクスの手で終らせてやりたいという、想いもあったのではないかと思う。ティベリウスに代わって紀元一三年からのゲルマニア戦線の総指揮をまかされたのが、二十年昔にゲルマニアの地で若い命を落としたドゥルーススの長男のゲルマニクスであったからだ。ゲルマニクスという名も、「ゲルマニアを制した者」という意味の綽名で、これももともとはドゥルーススに捧げられた名であり、父に与えられた綽名が子の名になるのは、ローマでは珍しくなかった。アウグストゥスにしてみれば、自分とは血縁関係にあるがゆえにやはり可愛いゲルマニクスこそ、ゲルマン民族征服という大事業の完成者にふさわしいと考えたのではないか。

　紀元前一二年から数えれば、軍事行動が停滞した数年が間に入ったにせよ、四分の一世紀も費やしていたのである。それを白紙にもどすことは、アウグストゥスにはできなかったのだろう。いや、ライン河まで撤退することなど、アウグストゥスは考えてもいなかったのではないか。

　なぜなら、撤退させるかもしれない戦線に、ティベリウスの後の皇位はゲルマニクス、と考えていたアウグストゥスが、この大切な人物を送りこむはずはない。ローマ史上前代未聞の不名誉の当事者にしたりすれば、三代目皇帝になる人のキャリアに傷がつく。

忘れてはならないことは、ローマの皇帝になるには元老院とローマ市民の承認を必要としたことである。そしてこの承認の条件の一つには、指導者の最高の徳（ヴィルトゥス）とローマ人が考えた力量（ヴィルトゥス）がなければならないとされていた。

ゆえにこのゲルマニクスに総指揮をゆだねたということは、ゲルマニア制覇行の続行を、そしてその完成を、アウグストゥスが望みつづけていた証拠と思われる。ライン河までの撤退を実施したのがティベリウスであることはわかっている。だが、右に述べた仮説に立てば、たとえ史実は存在しなくとも、撤退を決意したのもティベリウスであったということになりはしないか。

しかし、ティベリウスも、ローマ史上はじめての不名誉に加え先帝アウグストゥスの意向にも逆らうことゆえ、その実施には慎重であったろう。実行の機会を狙っていたにちがいない。だが、低地ゲルマニア軍団で起こった兵士の反乱が、その機会を先のばしすることになってしまった。

部下の不始末は、総司令官の責任である。しかも、それを収めようとして文書偽造までしながら結局は流血の惨事によってしか解決できなかった実相は、誰よりもゲルマニクスを苦しませた。秋も深まっているのに兵士たちを冬営地から引き出し、冬を迎える用意を平和にしつつあったゲルマン人の部落を襲わせて勝ち、まるで戦闘に勝利でもしたかのように冬営地に凱旋(がいせん)はしたものの、それで責任が晴れたとは思えなかった。また、二年前にゲルマニア戦線の総司令官に任命されて以来、ゲルマン民族相手に戦闘らしい戦闘は一つもしていない。これでは、「ゲルマニアを制した者」という意味のゲルマニクスの名が泣く。二十九歳を迎えつつあった血気盛んな総司令官は、翌春を期して、大々的なゲルマニア制覇行に出ることを決めたのである。ローマでは、前線の総指揮官に戦略のすべてを託す伝統がある。ローマ全軍の最高司令官であるティベリウスからの指令がなければ、最高司令官次席でもあるゲルマニクスの行動は自由だった。

紀元一五年の春、ゲルマニクスはマインツで冬営していた四個軍団二万四千と一万の属州民からなる補助兵を率いて、ライン河を越えた。下流のクサンテンの冬営地からは、カエキーナ率いる四個軍団の二万と補助兵五千が、同じくライン河を越える。

南と西からのはさみこみ作戦は、ヴァルスの三個軍団を全滅させて意気あがっていたアルミニウス率いるゲルマン民族統一戦線を、分裂させることには成功した。アルミニウスの妻の父までが、ローマ側につくことを伝えてくる。ゲルマニクスはそれに、以後の厚遇を約束し、ライン河の西側への移住の許可も与えた。アルミニウスの岳父には、その娘であるアルミニウスの妻も同行していた。妊娠中だった妻は、ローマの軍団基地で出産する。生れた男子ともども、安全な地での生活を保証するという名目で、イタリアに送られた。ゲルマン民族の自由と独立の旗手アルミニウス（ドイツ名ヘルマン）も、弟につづいて有力な部族の長である舅にも去られ、妻子ともローマ側に奪われたことになる。

その年のゲルマニア戦役は、カエキーナ軍との合流を果して総勢六万に迫る大軍を投入したためか、ローマ軍の優勢で終始した。ヴァルスと三個軍団全滅時にアルミニウスに奪われていた三軍団旗のうち、第十九軍団の銀鷲旗の奪回にも成功している。進攻の途上でローマ軍は、六年前の死者たちが放置されたままのテウトブルグの森も訪れることができた。そのときの情景を描いた歴史家タキトゥスの一文は第Ⅵ巻『パクス・ロマーナ』の三二〇頁（文庫版第16巻九三頁）ですでに紹介済みなので、ここでは割愛する。

攻勢をかけているときは、ローマ軍のほうが強いのである。だが、冬が近づき、ライン河ぞいにある冬営地にもどろうと背を見せたとたんに、ゲルマン人のゲリラ戦法が活気づくのだった。二手に分れたうちの一つのカエキーナ軍は、背後に迫るゲルマン勢をかいくぐって、ようやくクサンテンの軍団基地に帰営するという始末だった。ゲルマニクスのほうも、帰営の道程は困難をきわめた。帰途に失った兵の数は、戦闘による損失よりも多かったという噂（うわさ）さえ流れた。

しかし、元老院は、ゲルマニクスと配下の司令官三人に、首都での凱旋式挙行の許可を与えた。私の推測では、ティベリウスの進言を容（い）れての決議ではないかと思う。なぜならティベリウスは、四将軍への凱旋式挙行の許可を決議した元老院が、彼にもゲルマニア戦役勝利の功で「国家の父（パーテル・パトリアエ）」の称号を贈ろうと申し出たのをはっきりと断わっているからである。「国家の父」などもらおうものなら、ゲルマニアからの撤退もやりにくくなってしまう。ただし、将たちに凱旋式という形の褒賞（ほうしょう）で報いることは、「勝って退く」には便利だった。

ところがゲルマニクスは、元老院の決議で力づいたのか、翌一六年もゲルマニアに攻め入ったのである。

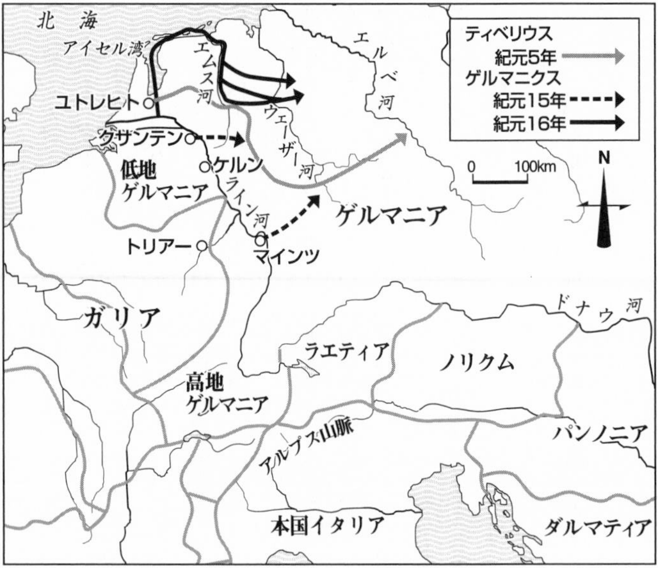

ティベリウスとゲルマニクスの進行路

今度は、八個軍団に補助兵合わせて八万という大軍すべてを率いて、ライン河を下って北海に出、エムス河を遡ってゲルマニアの心臓部に攻めこむという、堂々たる戦略で臨んだのだった。アルミニウスも、はじめての会戦方式でローマ軍を迎える。ただし、戦術を駆使できるとなればやはりローマ人が強く、二度にわたった戦闘もローマ側の大勝で終った。ゲルマニクスは、会戦の地に、奪った敵の武具で飾った戦勝碑を立てる。それには、「ラインとエルベ両河の間に住むゲルマン人を壊滅した皇帝ティベリウスの軍勢が、その勝利を記念して、最高神ユピテルと戦いの神マルスと、そして神君アウグストゥスに捧げる」と彫られてあった。この年、ヴァルスの惨事のときから敵の手中にあった、三軍団旗の二つ目も奪回に成功した。

だが、この年も、帰途は散々だった。ゲルマン人のゲリラ戦法には悩まされなくとも、北海の風と波がローマ軍を翻弄(ほんろう)したのである。戦闘による損失は少なかったにかかわらず、ゲルマニアの地勢と気候の犠牲者が続出した。

ようやくの想いでライン河沿いの冬営地にもどり、それでも来春のゲルマニア戦役に想いを馳(は)せつつあったゲルマニクスの許(もと)に、ローマのティベリウスからの書簡がとどいたのである。それには、首都に帰り凱旋式を挙行するよう、と書かれてあった。ゲルマニクスは直ちに返書を送り、その中で、もう一年つづけさせてくれればエルベ河までの制覇は完了するから、それを許してくれるよう懇願した。だが、ティベリウスの態度は変らなかった。

翌一七年の五月二十六日、ローマによるゲルマニア征服を祝う凱旋式が、首都ローマの市民たちが熱狂する中で挙行された。カエキーナ以下の三人の将軍が凱旋の礼装で先行する式典では、征服されたゲルマン民族を象徴して、アルミニウスの妻と子の荷車にゆられる姿もあった。そして、凱旋式のハイライトである、三十一歳の若き総司令官の御す四頭の白馬に引かれた戦車が登場する。それには、ゲルマニクスの三人の息子と二人の娘も同乗していた。妻のアグリッピーナも凱旋式の列に加わっていたとする人もいる。ゲルマニクスという人は、二千年後の欧米の指導者に似て、公式の席にさえ妻子を伴うのが常という人であった。また、ローマの庶民も二千年後の庶民と似ていたのか、多産で健全な家族（ファミリア）に拍手と歓声を惜しまなかったのである。凱旋式が終ってまもなく、ゲルマニクスの次の任地が公表された。それはゲルマニア戦線ではなく、皇帝に次ぐ格をもつ人の出馬がぜひとも必要な重要任務遂行のためという理由がついていたにせよ、ゲルマニアからは遠く離れたオリエントの地であった。

歴史家タキトゥスは、「ゲルマニクスは戦役を終らせることを禁じられた」と書いている。そしてその真因は、ティベリウスがゲルマニクスの戦功に嫉妬（しっと）したからである、としている。

タキトゥスの考えたように、ゲルマニクスの任地変更は、ティベリウスの嫉妬であったとしよう。だが、もしもティベリウスにゲルマニア戦役続行の意志があったならば、ゲルマニア戦役担当の総司令官職に、誰か別の人物を任命していなければならない。ゲルマニクスの後を継ぐにふさわしい社会的地位をもつ人物が、いなかったのではない。ティベリウスの実子で、ティベリウスの養子になっているゲルマニクスからすれば義理の弟になる、二十九歳のドゥルーススがいた。パンノニアでの兵士の反乱の収拾にあたった人である。だがティベリウスは、ゲルマニクスの後任に誰も任命していない。ドゥルーススも、その他の誰も送らなかった。それどころか、低地ゲルマニアの四個軍団と高地ゲルマニアの四個軍団の計八個軍団すべてを指揮下におく、総司令官職さえも廃止してしまったのだ。これでは、ティベリウスにはゲルマニア戦役続行の意志がなかったと、するしかないではないか。

アルミニウスは、まだ生きていた。だが、ローマ人にとっては恥辱の象徴であった敵に奪われていた三軍団旗も、そのうちの二つまでは奪回した。戦場でのローマ軍の強さも、あらためて示した。逃げおおせたとはいえアルミニウスには、全ゲルマンの統一戦線を結成する力量はなく、ゲルマン民族は分裂している。ティベリウスは、通算二十八年にもわたったゲルマニア戦役も、一見すれば勝ったと見える今が、終りにする好機と判断したのである。だがそれは、百年後でもタキトゥスにさえ誤解されたように、世間の評価を得にくい決断ではあった。

ライン河防衛体制

エルベ河まで国境を拡大し、野蛮であるからこそ勇猛なゲルマン民族をローマ帝国内に吸収し、それによって北の安全を確保しようとしたアウグストゥスの夢は、二十八年の後にこうして終りを告げたのである。しかし、それを決め実施したティベリウスは、ただ単に兵をゲルマニアの地から引いたのではなかった。紀元一七年からの北の防衛線は再びライン河になったわけだが、そこではまず、軍団基地を分散している。

それまでのローマ軍は、ライン河の西岸に建設した冬営地を基地とし、春になれば毎年、ライン河を越えて東方に攻め入り、秋になれば西方に引き返して、ライン河沿いの冬営地で冬を過ごすのを常として、二十八年が過ぎていたのである。だがこれからは、ライン河自体が防衛線になる。冬営地も、冬の間を過ごし春になれば出陣するための基地ではすまなくなった。軍団はそこに、敵の襲撃を迎え撃って出る以外は一年中住むことになる。以前のように、四個軍団とか二個軍団の人数を一箇所に集めておくことはできなかった。集めれば集めるほど、その地以外の防衛線がお留守になる。また、大勢の兵士を一箇所に集めたのでは、三年前のような反乱が再発する危険もあった。

ライン河を下流部と上流部に二分して、前者を「低地ゲルマニア（ゲルマニア・インフェリオール）」、後者を「高地ゲルマニア（ゲルマニア・スーペリオール）」と呼んで四個軍団ずつ配置するのは変らなかったのだが、この両地域の境界線は、現ドイツのボンとコブレンツの中間と考えてよい。

ちなみに、ライン河西岸なのにゲルマニアと呼ばれていたのは、西岸部の住民もゲルマン民族であったからである。カエサルによってこれらの人々もローマ帝国の住民になったのだが、定住民族には変っても、人種ならばライン東岸に住むゲルマン人と同じだった。ゲルマンイコールドイツという感じの現代でも、ライン河西部は「ラインラントファルツ」と呼ばれてドイツ連邦共和国に属す。また、ライン河の最下流部は、現代ではオランダになっている。

話を古代にもどせば、ボン以北の「低地ゲルマニア」では、以前は四個軍団をヴェテラ（現クサンテン近く）とコローニア（現ケルン近く）の二基地に置いていたのを、北からノヴィオマグス（現オランダのネイメーヘン）、ヴェテラ（現ドイツのクサンテン）、ノヴァエジウム（現ノイス）、ボンナ（現ボン）の四基地に分散した。そして、コンフルエンテス（現コブレンツ）から南にのびる「高地ゲルマニア」を守る四個軍団のうちの大部分は、以前のままにモゴンティアクム（現マインツ）を基地としつづけたようである。ここでは三年前も、反乱が起きなかったためかもしれない。ただし、マインツからは西のビングム（現ビンゲン）や北のアクァ・マティアカエ（現ヴィースバーデン）には、大隊規模を分散していた。ヴィースバーデンには当時から温泉がわいていたので、温泉好きのローマ人にとっては居心地が良かったのである。それにマインツは、アウグスタ・トレヴェロールム（現トリアー）とは街道一つで連絡がとれ、ライン河上流のアルゲントラートゥム（現フランスのストラスブール）からも、ライン河ぞいの街道がマインツに通じていた。もちろん、これらの街道網はローマ人の敷設（ふせつ）になる。国境に兵を張りつけておく必要もなくなった、つまりライン河防衛線が確立した時代になると、マインツと並んで後方のストラスブールも、軍団常駐の基地に昇格している。

しかし、ライン河の西岸部はこれで解決できたとしても、東岸が未解決だ。河に近い東岸一帯には、ゲルマニクスの父でティベリウスの弟であったドゥルーススが、いくつかの出城を築き、そこには中隊規模の守備兵を配置していた。ティベリウスは、これらもすべて撤退させたのである。その代わり、ライン東岸の流域に住んでいてローマとは良好な関係にあったいくつかの部族を強制的に西岸に移住させ、細長い東岸流域一帯を無人地帯に変えた。無人と化した流域一帯の幅がどれ

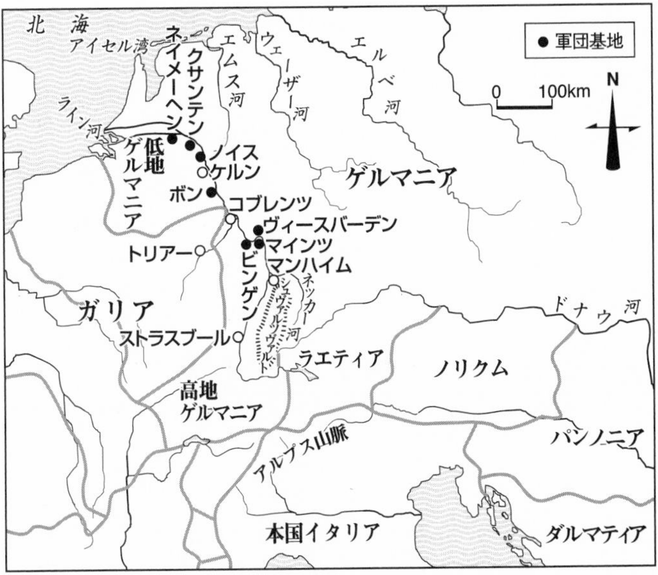

ライン軍団の新配置

ほどであったかは明らかではない。だが、住んでいた人々を移住させてまで実現した無人地帯だから、数百メートルの規模ではなかったろう。規模は数キロか、地勢によっては数十キロにも及んだかもしれない。その無人地帯では、日中の放牧だけが許された。畑作は禁じられた。

河の流れに沿う帯状の無人地帯の設置は、敵の襲来をいち早く認めるためであったろう。しかし、このような策をローマ軍は、それまでは一度として採用したことはなかったのである。なぜティベリウスがこのようなことを考えついたのかと考えた私の頭に、『ガリア戦記』の一節が浮んだ。カエサルはそこで、次のように言っている。

「ゲルマン民族にとっての最大の誇りは、自領の周囲に広い荒地をめぐらせておくことである。それをする理由の第一は、周辺の他部族を排除し交流の意志がないことを示すためであり、第二は、不意の襲撃を避けるという安全保障上の理由による」

日本人にかぎらず、郷に入れば郷に従う、は人間の知恵の一つである。ティベリウスも、それに従ったのではないかと想像する。つまり、ゲルマン人にはゲルマン的に対したのだ。

しかし、全長一千三百キロを越えるライン河と、それよりさらに長いドナウ河の河岸づたいに無人の帯状の地帯を通しつづけるわけにはいかない。実際、河岸の無人地帯設置は、平野が多くなるライン河の下流部に限られたようである。では、それ以外の地ではどうしたのか。ティベリウスは、ここでもカエサルの遺した教訓を活用した。

それは、ライン河ならば東岸地方、ドナウ河ならば北岸地方に住むゲルマン系の部族のいくつかと、友好関係を結ぶことで実行された。ローマ人の聴き慣れた言い方ならば、「クリエンテス」関係を結ぶのである。クリエンテスを現代英語に訳せばクライアントだが、そこから頭に浮ぶ「顧客」ではなく、親分に対する子分の関係としたほうが、古代のローマ人の考えに近い。それらの部族は、ローマの支配下に入った属州民ではない。ゆえに、属州税を払う義務は課されない。ただし、ローマ帝国が敵地と考える土地に住みつづける彼らには、ローマ軍の主力を担(にな)う軍団兵を助けて闘うところから「補助兵(アウジリアリス)」と呼ばれた補助隊に、兵を送る義務は課される。税金は払わなくてもよいが兵力は提供せよ、という条件ならば、同盟国の関係である。ローマは東方ではこの関係を君主国と結んだが、君主政の確立していない未開のゲルマン民族との間では、部族と結んだのである。

　そして、「クリエンテス」関係もローマ人の手にかかると、単なる親分子分の関係でさえもなくなる。部族長クラスにははじめから、世襲権でもあるローマ市民権を与え、ローマ軍内で「補助兵」として軍務に就く部族民でも、満期の二十五年に達すればローマ市民権が与えられるのであった。浜辺に打ち寄せる波も、海中のところどころに顔を出している岩にぶつかった後で打ち寄せるのならば弱くなる。たったの二度、しかもごく短期間しかラインの東岸を体験しなかったカエサルがその当時にすでに見透していたことを、ティベリウスはより広範囲により恒久的に育てるための常設のシステムに変えたのである。

ローマ人の統治の基本路線が、「分割し統治せよ」(Divide et impera) であったことは有名だ。ティベリウスは、このローマ人の伝統的考え方を、帝国の防衛体制で確立した人であった。

紀元一世紀前半当時の北の防衛体制のすべてを、ティベリウスが一人で成しとげたことを示す確実な史料は存在しない。だが、ティベリウスの後を継いだカリグラが何一つしなかったことははっきりしており、その後を継いだクラウディウスも、帝国の運営には熱意をもって取り組んだ人ではあったが、この件に関しては手を加えた形跡が見られない。そして次のネロも、このことに関心を示さなかったことでは、前二者と同じであったのだ。それゆえ、再び北の防衛線の整備に乗り出すヴェスパシアヌス帝の登場までの半世紀、ライン河の防衛システムは、ドナウ河の防衛体制と同じく、ティベリウスが考え実施した状態でつづいたと考えるしかないのである。半世紀後にヴェスパシアヌスが配慮しなくてすんだ事柄から推察して、もしかしたら、ライン河に平行して流れマンハイム近くでラインに流れこむネッカー河の谷あいの地のローマ帝国内吸収も、ティベリウスが考え実行したのかもしれない。これは、戦略上実に重要なことであった。なぜなら、黒い森と呼ばれるくらいだからゲルマン人の逃げこみ先としては好適の、シュヴァルツヴァルトの大森林を自領内に収めることになるからであった。私の想像だが、安全保障に限ればティベリウスは、アウグストゥスの後継者であるよりも、ユリウス・カエサルの後継者ではなかったかと思えてならない。

ティベリウスはこれらの防衛体制の再編成のすべてを、現地に出向くことなく首都ローマにいて行った。ティベリウスには、ドナウ河防衛線確立を目指した六年間と、ゲルマニア戦役五年間の現地経験がある。ゲルマン民族を知り、地勢・気候も知り、何よりもあの地で闘う兵士たちを知っていた。指令伝達系統が機能し、使う人間の組織化さえ成れば、現地に出向かなくても実行は可能だ。だが、首都の市民たちは、ローマから動かないティベリウスを、年老いて怠け者になったからだと悪評した。ティベリウスも、六十代に入っていた。

東方(オリエント)問題

人事権を手中にしているのは権力を手中にしているのと同じだが、その施行となると簡単ではない。任地変更のようなことでも、まず当事者が納得しなければならない。

そして、それに加えて周辺も納得させねばならない。ゲルマニクスの任地をライン河畔からユーフラテス河畔に移すことも、まずゲルマニクスが納得し、元老院もローマ市民も納得するだけの理由を必要とした。ティベリウスの真意は、ゲルマニクスの任地を変えることでゲルマニアの地からの撤退を実現することにあった。だが、これを巧みに現実化するためにも、ゲルマニクスのオリエント派遣の理由は、誰もが納得するものでなくてはならなかったのである。

なぜなら、当時のローマ市民のほとんどは、二十八年を費やしたゲルマニア戦役も、ついに成功したと信じて疑わなかったからだった。

パリの国立図書館に、「フランスのカメオ」と呼ばれる一品が所蔵されている。三十一センチ×二十五・五センチの大カメオで、紀元一七年の制作になる。この大型カメオは上中下に三分され、上段にはカエサル、アウグストゥス、そしてテ

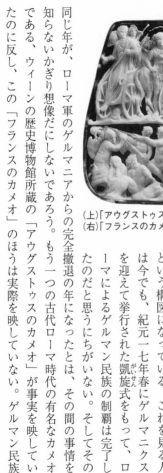

(上)「アウグストゥスのカメオ」
(右)「フランスのカメオ」

ィベリウスの弟でゲルマニクスの父になるドゥルーススと、ゲルマン民族との関係では先駆者となる人々の像が刻まれている。中段は、ティベリウスとゲルマニクスという、ゲルマン民族制覇の当事者とその家族たちの像で埋まる。そして下段は、征服されたゲルマン人たちの群像という構図になっている。これを見る人は今でも、紀元一七年春にゲルマニクスを迎えて挙行された凱旋式をもって、ローマによるゲルマン民族の制覇は完了したのだと思うにちがいない。そしてその同じ年が、ローマ軍のゲルマニアからの完全撤退の年になったとは、その間の事情を知らないかぎり想像だにしないであろう。もう一つの古代ローマ時代の有名なカメオである、ウィーンの歴史博物館所蔵の「アウグストゥスのカメオ」が事実を映していたのに反し、この「フランスのカメオ」のほうは実際を映していない。ゲルマン民族の多くは、帝国ローマの国境の外に住みつづけたのだから。だが、進攻した地から、それも二十八年も闘った後で撤退するというローマ史上はじめての決断を下す者にすれば、人々を欺き(あざむき)ながら、それも味方だけでなく敵のゲルマン人すらも欺きながら実施にもって行くためならば、華麗な凱旋式であろうと見事な大カメオであろうと利用する気になったろう。だが、それだけになお、勝将とされたゲルマニクスの任地変更は、誰をも納得させるだけの説得力をもつものでなければならなかったのである。

ローマ帝国の東方問題とは、所詮(しょせん)はパルティア問題なのである。パルティア王国に、ローマをしのぐ国力があったのではない。もしもこの両大国が正面から激突したとすれば、カルタゴとの抗争のときのように勝ち負けをくり返したにせよ、いずれはローマの勝利に終っていたと思う。それでもパルティアのもつ軍事力は、ローマに勝つほどには強くはなくても、近隣の諸王国に影響を与えるほどには強かった。そして、パルティアの近隣諸国とはローマにとっての「クリエンテス」であり、ローマの東方の防衛体制は、これらの同盟諸国のネットワークの上に成り立っていたのである。

このパルティア対策にローマは、地中海の周辺全域に覇権が及ぶようになった紀元

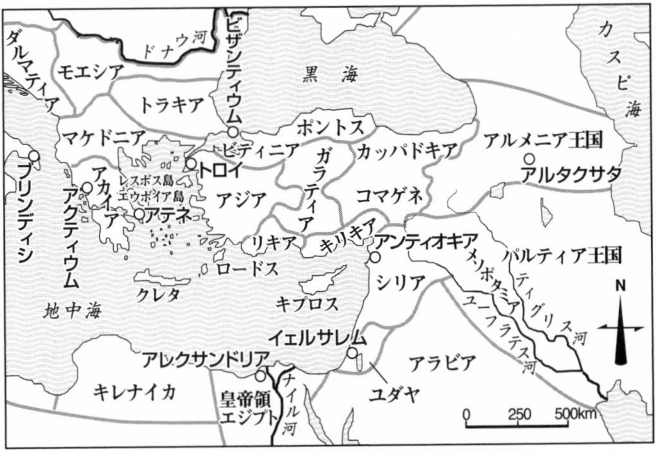

ローマ帝国東方

前一世紀から積極的に取り組んできた。ルクルス、ポンペイウスと当代一流の武将たちはいずれも、パルティアを常に頭に置きながらの東方制覇に乗り出している。パルティアとは直接に闘わなくても、その近くで軍事行動を展開することによって、パルティアの封じ込めに成功してきたのである。そして、このパルティア問題の抜本的解決を決めていたカエサルが殺されたのが、パルティア遠征に出発する直前であったことは周知の事実であった。

　アウグストゥスも、カエサル死後の内乱を勝ち抜いて帝政を敷いて以後、放置は許されないこの問題の解決に着手する。しかし、その彼が採用した方法は、外交による解決だった。外交による解決と聴くと、現代人は、その中でもとくに日本人は、平和裡に話し合った末での解決と思ってしまう。だが、軍事力を使って脅した後で握手する、というのも外交である。いや、それこそが最も有効な外交であることは、歴史が証明してくれている。なぜなら人間とは、理で眼を覚ます場合は少ないのに、武力を突きつけられれば眼を覚ますものだからだ。アウグストゥスの採った外交策も、このほうであった。

紀元前二一年、ユーフラテス河に浮ぶ小島の上で平和条約の調印が行われた。ローマ側の調印者は、アウグストゥスの代理の格で派遣されたティベリウスである。二十一歳であったティベリウスは、調印式に出席する前は、軍団を率いて〝脅しをかけた〟当の人であった。この年に結ばれた条約で、両国の国境はユーフラテス河であることが再確認され、相互不可侵も誓い合い、両国間の交易の自由も認め合った。

この後、ローマとパルティア両国の友好関係は、ときに微調整の必要はあったにせよ、三十五年もつづいたのである。再度の調整の時期は来ていたのだ。微調整期であった紀元二年にアウグストゥスが東方に送ったのは、当時の〝皇太子〟であったガイウスである。今回も、帝位の後継者でなければならなかった。ペルシア民族の国パルティアは完全な専制君主国なので、相手も社会的地位の高い人物でないと承知しない。

とはいえ、交渉担当者に有力な人物を歓迎するのは現代の民主的な国々でも同様である。

となれば、ゲルマニクスをゲルマニアの地から離してまでもオリエントに派遣することは、当のゲルマニクスも納得し、ローマ市民も納得する大義名分になりうる。ティベリウスにとっては、パルティアとの問題の解決にゲルマニクスを東方に送ることではじめて、制覇成ったとほとんどの人が信じているゲルマニアからの完全撤退も、人々の不満を爆発させない形で現実化できるのであった。

東方政策では、ティベリウスは完璧（かんぺき）にアウグストゥスの後継者であることで首尾一貫している。つまり、左手では軍事力を右手は握手を、のやり方である。そして外交の成否は、先行する宣伝戦にも左右された。

ティベリウスは元老院に、東方に派遣されるゲルマニクスに、ローマ帝国の東方全域にわたる「最高司令権（インペリウム・プロコンスラーレ・マイウス）」を与えるよう求めた。元老院も簡単に議決したから、ゲルマニクスこそ東方派遣の最適任者であることを、元老院も納得していたのである。そしてこの決定を知ったパルティアは、ローマが本気でことに臨んでくるのを感じとったにちがいない。このような準備の後にゲルマニクスは、紀元一七年の秋に、東方に向けてローマを後にした。常に家族を同伴する彼らしく、学齢期に入っていた長男と次男と娘二人はローマに残したが、妻のアグリッピーナはまたも妊娠中であったにかかわらず同道させ、そのうえ五歳でしかない三男のカリグラまで同伴しての出発である。それもあってか、ギリシア各地の観光も兼ねながらというゆっくりとした旅になった。

ゲルマニクスを送り出す前にティベリウスは、実子のドゥルーススをドナウ河前線に派遣していた。ライン河が防衛線となった以上、同じくゲルマン民族と対するドナウ河沿いの防衛体制の確立は、以前にも増して急務になっていたからだ。皇帝ティベリウスはこのときも、自らは首都に居ながら養子実子の二人ともを前線に送りこむという、アウグストゥス式の統治を踏襲したのである。それは、首都にはいても帝国運営の頭脳は皇帝であり、前線担当の司令官たちは手足であるということだった。

ゲルマニクス、東方へ

三十一歳になっていたゲルマニクスは、以前から人々の人気が絶大だった。若くさわやかな美男である。アウグストゥスの姉の娘を母にもつという、高貴な家の生れでもあった。妻もまた、アウグストゥスの娘の娘だから、初代皇帝の孫にあたる。それに三男三女の父親で、子沢山であることはとくに庶民の共感を呼んだ。部下の兵たちの本心を知りたくて、日没後に一兵卒に姿を変えて彼らの天幕をまわり、兵士たちの声に秘(ひそ)かに耳を傾けたというエピソードもある。二千年後の現代の歴史家の一人が「熱意あふれるディレッタント」と評した所以(ゆえん)だが、兵士たちからすれば民主的と評判が良いのだった。実際、性格は開放的で誰にでも優しく礼儀正しく対する人で、兵士が反抗すれば絶望して剣を自らの胸に突き立てようとしたり、北海の嵐(あらし)に翻弄(ほんろう)されて沈没する船が多出するとこれまた絶望し、すべては自分の責任だと叫んで海にとびこもうとしたりする癖はあったが、これもまた大衆から見れば、人間味あふれるリーダーに映るのである。それに、元老院主導が特色であった共和政体に対しても親近感を隠さなかったから、共和政時代を忘れることができない、という意味では保守的な元老院議員の間でも評判が良いのだった。ローマから南下してブリンディシに行くまでのアッピア街道でも、沿道の都市や町村の代表の送迎が絶えず、無事の帰還を願う庶民の姿が絶えなかったという。ブリンディシから船出したゲルマニクスとその一行は、冬の強風には悩まされたにせよ三日の海路の後に、無事にギリシアの土を踏むことができた。

紀元一八年と年が代わった一月、ギリシアの最西端にあるアクティウムを訪れる。アクティウムの前の海は、半世紀も昔の紀元前三一年、オクタヴィアヌス時代のアウグストゥスの軍とアントニウスとクレオパトラの連合軍との間で、史上有名な「アクティウムの海戦」（第V巻の四七〇頁＝文庫版第13巻二一四頁＝前後参照）が闘われた場所であった。これに勝ってローマ世界の最高権力者になったアウグストゥスは、この海を眼下にするアクティウムの地に、勝利を神々に感謝する神殿を建てている。ゲルマニクスも、まずはこの神殿に参った。だが、その近くに遺っている、アントニウス軍の宿営地の跡も訪問したのである。今ではゲルマニクスも、アウグストゥスの養子になったティベリウスの養子だから、アウグストゥスの孫ということになる。だが、ゲルマニクスの実母のアントニアは、アウグストゥスの姉のオクタヴィアが、アントニウスとの結婚で得た娘だった。つまりゲルマニクスは、アクティウムの海戦の敗将マルクス・アントニウスにとっても孫になるのだった。

ゲルマニクスは、半世紀昔に実の祖父が決戦を前にして宿営していた地を、単なる好奇心で訪問したのではない。運命に翻弄されたあげく敗者になってしまった祖父と、その指揮下でやむなく祖国ローマに弓を引くことになったローマ兵たちを、わざわざ

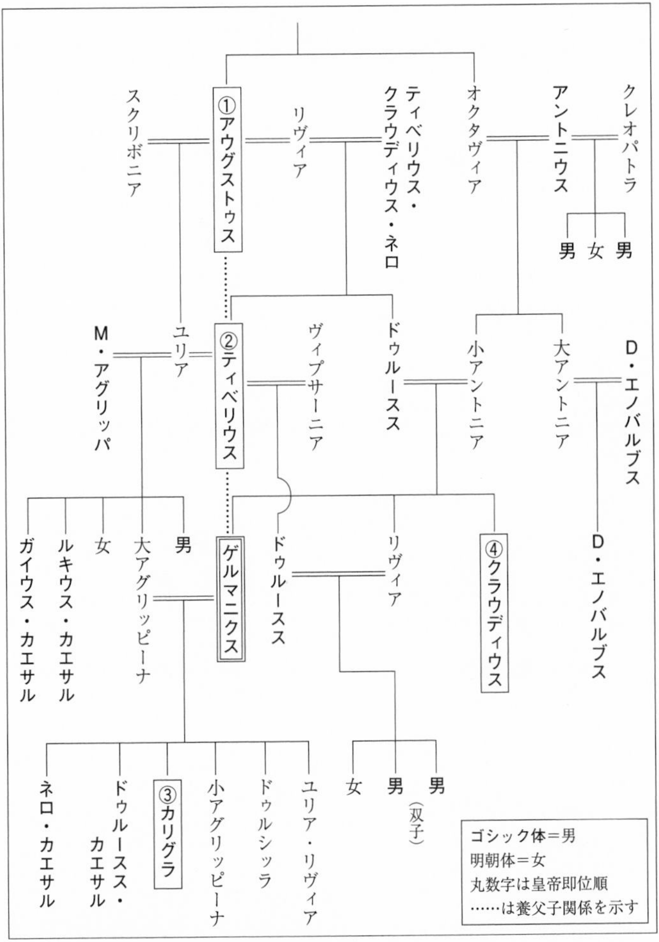

ゲルマニクス関係略系図（三女の誕生頃まで）

その地を訪問することで偲んだのである。そして興味深いのは、このときのゲルマニクスの行動を糾弾したローマ人は、一人もいなかったことであった。考えてみれば、今では皇帝の位に就いているティベリウスとて、その実父は長年、アウグストゥスに敵対した人であったのだ。ローマ人は敗者をただ単に許したのではなく、ギリシア人のプルタルコスが評したように、「敗者さえも自分たちと同化した」のである。このローマ人の敗者観は、古代でも異例だったが、二千年後の現代でさえも、実に残念なことだが魅力を失っていない。その後のいかなる覇権国家も、敗者は斬り捨てられて終わりであったのだから。

『列伝』の著者プルタルコス（英語ではプルターク）の生れる二十八年前にギリシアを旅したことになるゲルマニクスだが、当時のギリシア人もプルタルコスと同じようなローマ観をもっていたのか、ゲルマニクスとその一行は各地で大歓迎を受けただけでなく、ローマが一個軍団も駐屯させていないこの地方を、特別な警護もなしで安全な旅を愉しむことができたのである。

ギリシアを横断する形になった旅は、アテネにしばらく滞在し、次いでエウボイア島を経て海路レスボス島に着く。ここでアグリッピーナが、末娘になるユリア・リヴィアを出産した。レスボス島からは眼と鼻の先といってよい小アジアの西岸部に足を踏み入れた後も、ゲルマニクスは旅を急がなかった。そのすぐ北にあるトロイを訪れ、ホメロスの叙事詩『イーリアス』の古戦場跡を訪問している。ラインやドナウ流域の戦場で青春を送ってきた彼にとっては、イタリアから東への旅ははじめての経験なのであった。また、旅を急がねばならない切迫した理由もなかった。こちらのほうは旅を急いだ、ティベリウスの任命した数人の〝事務方〟によって、首席の到着を待って実行に移す各種の政策のお膳立て（ぜんだて）は進行中であったからである。

ローマ・パルティア間の関係の再調整が必要になった発端は、いつものことだがアルメニア王国をめぐる争いに発していた。アウグストゥスの後援を受けてアルメニアの王位に就いていたローマ育ちのヴァノネスに飽きたアルメニア国民が、ポントス王の息子でいかにもオリエントの君主らしいゼノネスを、ヴァノネスを追い出した後のアルメニア王にしようとしたのである。アウグストゥスが選んで王位に就けたくらいだから、ヴァノネスに統治者の才能が欠けていたのではない。それどころか、ローマ式の統治者としてならば力量も熱意もあった。ただ、ローマ人の考える君主は統治をする人だが、ペルシア人の考える君主とは、大勢の妻妾をかかえ、戦争か狩か宴をする人なのである。価値観が、西方と東方とではちがっていたのである。アルメニアから追い出されたヴァノネスはシリアに逃げ、シリア属州総督の保護を受ける身になった。とはいえ反ローマと受けとられかねないこのようなことは、隣国パルティアの後援を期待できたからこそやる勇気ももてることであったのだ。そして、アルメニア王国を傘下に収めようと狙っていたパルティア王も、アルメニアからローマの影響力を排除する好機と見たのだった。なにしろローマの東方戦略の伝統が、西からはシリア属州、北からはアルメニア王国によって、強国パルティアを封じこむことであったからである。

しかし、ローマ・パルティア間に戦火が火を噴く危険を内包したこの挑発に対して、ティベリウスは冷徹に対処する。ローマにとってのアルメニアは重要な国であることでは変りはなかったが、それは領土欲の対象ではなく、戦略上の必要から覇権下に置いておく対象としてであった。文化的にも歴史的にも、アルメニア人はパルティア人同様、ペルシア文明圏に属したのである。ティベリウスにしてみれば、このアルメニアの王位を占める人物に臣下のアルメニア人が満足すれば国内も安定し、政情が安定したアルメニアがこれ以後もローマの友好国でありつづけてくれれば充分なのである。アルメニア人が王にと望むゼノネスが、親ローマのポントス王の息子であって、彼自身も反ローマでないことも調査済みであったろう。アルメニアの王になる以上はギリシア式の名ゼノネスからアルメニア風のアルタクセスに改名せよというのが、ティベリウスがつけた唯一の条件だった。

この情況下でゲルマニクスに課された任務は、アルメニア王国の二つの首都の一つであるアルタクサタまで行き、そこで新王アルタクセスの頭上に王冠をかぶせることのみであった。こうして、アルメニア人の歓呼の中で、アルメニアの王の戴冠は終った。

パルティア王は、振り上げようとしていた剣の持っていきどころを失ったことになる。だが、パルティアの王アルタバノスも現実的な君主であったとみえ、早速ゲルマニクスに使節を送ってきて、ローマとの友好条約の更新の意思を告げ、ユーフラテス河の島でそれを行いたいと、調印の場所まで提案してきた。ただし、条件が一つあった。それは、シリアの属州総督の許に逃げている前王ヴァノネスがシリアに居つづけたのではアルメニア新王の王位への不安定要因になりかねないので、ヴァノネスの保護先を、アルメニアに近いシリアからより遠いどこかに変えてほしい、という一事である。ゲルマニクスはこれを受け入れ、前王の亡命先は小アジアのローマの属州と決まった。ところがそこに護送されていく途中、何を思ったかヴァノネスは逃亡を図り、それを追跡した百人隊長の剣に倒れるという事故が起こった。ことの真偽はわからない。だがこれで、アルメニア王国の不安定要因になりえた存在も消えたことになった。

この年の、パルティアを視野に入れながらのアルメニア問題処理は、ローマ外交の成功例の一つになった。紀元三四年、つまりこの年から十六年後のアルタクセス王の死の年まで、アルメニア王国は安泰でありつづけたからである。ローマは一兵も費やさずに、東方安定の鍵であるアルメニアをローマ側に引きつけておくことに成功したのだった。

東方に派遣されたゲルマニクスの任務には、アルメニア王に戴冠させることとパルティアとの友好条約更新の他に、この二事ほど派手ではなくとも重要度では劣らないもう一つの任務があった。大国はパルティアで中程度の国はアルメニアというオリエントの君主国の中では小国になるが、ローマの同盟国（つまり事実上の属国）であるカッパドキアとコマゲネの両王国の処置である。いずれも現代ではトルコの東部に位置するが、ローマ帝国にとっては直轄の属州であるシリアとともに、仮想敵国ナンバー・ワンのパルティアを封じこめる戦略網の要の役を果していた。紀元一八年当時、

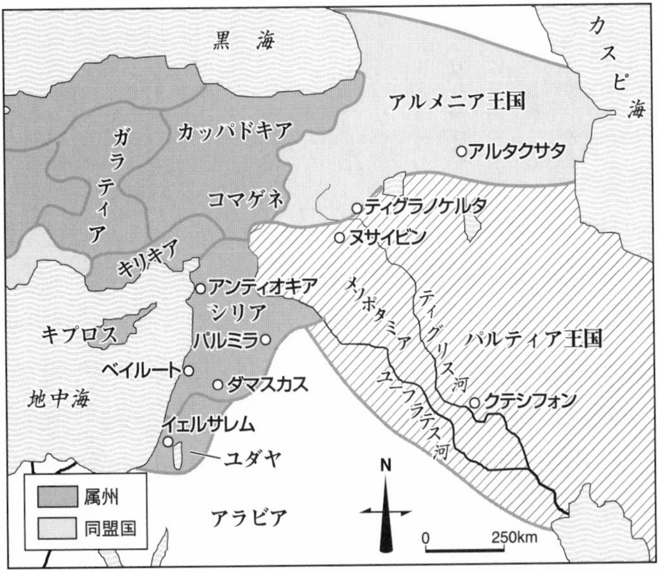

パルティアとその周辺(紀元18年以降)

カッパドキアに関しては反ローマ的行動に走ったとしてローマに召還され、そのままイタリア内に留め置かれることになった老王アルケラオスの後をどうするかの問題があり、コマゲネ王国のほうは、後継者もいない状態で王が死んでいた。

ティベリウスは、この両王国ともをローマの直轄属州とすることに決めたのである。ただし、属州化でも色合はちがった。カッパドキアの初代総督には執政官経験者のヴェラニウスが赴任している事実からも、ティベリウスの意図が恒久属州化にあったことは明らかである。一方、コマゲネの初代総督は執政官はまだ未経験の法務官（プラエトル）セヴェルスであったことから、ティベリウスはこの小国を、独立した属州とするよりも隣りのシリア属州の一部にし、その状態で王位後継者が育つまで待つ考えではなかったかと思う。属州化せざるをえなくなった要因が、前者は王の強制的退位、後者は王の自然死とちがうのだから、処置もちがって当然だった。ローマ人くらい、ケース・バイ・ケースを駆使した民族はない。実際、二十年後ではあっても、コマゲネは王国に復帰している。

カッパドキアとコマゲネの両王国の国民はローマの属州民に変ったことによって、属州税以下のローマの税制で定まっている税金を納める義務を負うことになった。だがティベリウスは、これも恒久策ではなかったにしろ、課す税金の率を大幅に下げたのである。オリエントの民衆は、専制君主に治められるのに慣れている。それゆえに特別な民族感情でも起こらないかぎり、治める人がオリエント人であってもローマ人であっても変りはないのだ。以前よりも税率が下がれば、歓迎こそすれ新政権への不満などは起きないのであった。健全財政の確立に執着したティベリウスだったが、取れる人からならば誰であろうと取る、ではなかったのである。

また、これと同じ時期、ローマの本国民に対しても減税が実施されていた。以前から評判の悪かった、一パーセントの売上げ税（言い換えれば消費税）を〇・五パーセントに下げたのである。ただし、これまでにも起こった全廃の要請に対しても、ローマの防衛費用の財源確保を理由に拒否しつづけてきたティベリウスである。両王国の属州化で税収が増えたからとして減税に踏み切ったが、それはあくまでも時期を限っての減税だった。事実、二年も経ないうちに以前の税率にもどしている。

総督ピソ

すべてが順調に進んでいたゲルマニクスの東方派遣だったが、不祥事が皆無であったわけではない。それは、ゲルマニクスとシリア属州総督ピソの仲が険悪化したことだった。

ゲルマニクスには東方全域の「最高司令権（インペリウム・プロコンスラーレ・マイウス）」が与えられているのだから、従来ならば東方全域の行政官では第一位のシリア総督といえども、ゲルマニクスの指揮下に入ることになる。ところが、これは多くの研究者たちの推測なのだが、ゲルマニクスと同時期にシリアに赴任した総督ピソは、ティベリウスから内密の命令を与えられて赴任したのではないか、というのだ。ゲルマニクスの政治力に信頼を置けなかったティベリウスが、ゲルマニクスの父の世代に属すピソを、ゲルマニクスの御目付役を兼ねさせるつもりで東方に送り出したのではないかと、現代の研究者の幾人かは推測するのである。だが、この人事は失敗だった。ピソが、陰にまわってのコントロール役に徹するのではなく、表に出ての口出し役をやってしまったからである。与えられた任務を過大に受けとってしまう人がいるが、そしてそれを、ことごとに顕示する人がいるが、ピソはこの典型ではなかったかと思う。

そのうえ、男同士の関係の険悪化は、女の間の関係悪化がからんできたことによって、いっそう始末に負えなくなった。ゲルマニクスの妻のアグリッピーナの誇りの拠って立つところは、神君アウグストゥスの直孫という一点にある。それでこの女人はどこにも顔を出し、軍団の閲兵式にも参列する。そのアグリッピーナに、ピソの妻のプランキーナが対抗心を燃やしたのだ。シリア総督夫人も、軍団兵に混じって時を過ごすことが多くなった。女たちの対抗意識はあらゆる面で火花を散らすようになり、それはとくに、権威権力ともにゲルマニクスの後につづくしかないピソの態度に表われた。シリア総督は、ゲルマニクスからの一個軍団分与の命令にさえ、無視して従わないようになった。

この一件で嫌気がさしたというわけではなかったろうが、紀元一八年から一九年にかけての冬を、ゲルマニクスは家族連れでエジプトで過ごすことに決める。ただし、エジプトは皇帝の私領なので、ローマの要職にある者は誰であろうと皇帝の許可なしには入国できないことは、アウグストゥス時代からの決まりであった。だがゲルマニクスは、東方全域の最高司令官なのだからエジプトも管轄下に入ると思ったのか、ローマのティベリウスには許可も求めずに入国してしまったのだ。エジプトは、とくにその首都アレクサンドリアは、実の祖父アントニウスとの深い縁もあって、ゲルマニクスには特別な関心があったのかもしれない。

ゲルマニクスとその家族のエジプト訪問は、三十二歳のこの「熱意あふれるディレッタント」の性格を考えれば、ゲルマニクスの望んだとおりにはじまって終った。アレクサンダー大王の墓所にも参っただろう。実の祖父アントニウスとエジプトの女王クレオパトラが、ともに葬られている霊廟も訪問したにちがいない。アレクサンドリアの街を、護衛も連れずにギリシア風の短衣姿で歩きまわった。忘れてはならないのは、エジプトの中でもとくにアレクサンドリアは、当時はギリシア人の都市であったことである。また、エジプトを訪れた人ならば誰もが望むナイル河の周遊行では、沿岸のピラミッドや神殿を熱心に見てまわった。アレクサンドリアの住民が食糧不足に悩んでいると聴けば、ローマに送るために貯蔵している小麦倉庫を開放した。このゲルマニクスに、アレクサンドリアの人々の人気が集まったのも当然である。彼らにしてみれば、この若きローマの〝皇太子〟は、敗れたとはいえエジプト軍を率いてローマと闘った、マルクス・アントニウスの直孫でもあった。

エジプトでのゲルマニクスの行状を知ったローマのティベリウスは、ゲルマニア軍団の反乱当時の文書偽造については非難の言葉さえ漏らさなかったのに、このときばかりは元老院の議場で公式に叱責（しっせき）した。ティベリウスの叱責の理由は第一に、ローマの要職にある身が公衆の前にギリシア風の装い（よそお）で現われたという軽率さと、第二は、神君アウグストゥスの定めた法に反して、皇帝に許可も求めずにエジプト入りしたこと、そして第三は、皇帝直属の長官に統治の責任があるエジプトで、長官の意に逆らってまで小麦倉庫を開放したこと、であった。元老院も同感であったとみえ、ゲルマニクスには公式に、慎重を求める書簡が送られた。

しかし、その書簡が届く前に、ゲルマニクスはエジプトを後にしていたのである。また叱責を受けようとさして気にもとめないのが彼の性格だった。なにしろ、やりたいと望んでいたことはすべてやった、エジプト旅行であったのだから。

ドナウ河防衛体制

ゲルマニクスがローマ帝国の東方(オリエント)の安全保障体制を整備している間、西方(オチデント)でも、ティベリウスの政略どおりに動いたドゥルーススによって、ドナウ河防衛線が確立しつつあった。

ドナウ河流域でのローマの相手は、ゲルマン民族の中でも強大な部族として知られたマルコマンニ族である。その族長マロボドゥヌスはローマで育った人で、それゆえにローマの国力を熟知しており、ローマとの正面きっての対決をことごとく避けてきた人だった。この人物がドナウ河の北岸に健在でありつづけたなら、ティベリウスも心配する必要はなかったのである。だが、アルミニウスからの共闘の誘いを拒否しつづけたこのゲルマンのリーダーも、配下の兵たちに反乱を起こされて窮地に陥った。マロボドゥヌスは、ティベリウスに支援を求めた。だがティベリウスには、ライン河であろうとドナウ河であろうと、それを越えてゲルマニアの地に進攻する気はまったくない。ローマ軍団を派遣しての支援を、皇帝は拒絶する。拒絶はしたが、マロボドゥヌスとその家族の安住の地を、北イタリアのラヴェンナに用意すると伝えた。ゲルマン人の族長は、これで満足するしかなかったのである。

この一件を元老院に報告して承認を求める際、ティベリウスは、次の理由をあげてこの処置の妥当性を強調している。

マロボドゥヌスくらい、ローマにとって危険なゲルマン人もいない。すこぶる有能であり、ゲルマン民族の間に絶大な影響力をもっている。その人物を、捕囚ではなく客分としてローマのふところに入れることは、ライン・ドナウ両河の彼方（かなた）に住むゲルマン民族の力（パワー）の減少に役立つだけでなく、いざというときには、マロボドゥヌスにローマ軍団を与えて進攻させることも可能だ、と言ったのである。つまり、この政治亡命者は対ゲルマンのカードに使える、と言ったのだった。実際、マロボドゥヌスがラヴェンナで悠然とくらすようになってからもしばしば、ドナウ北岸に住む部族が南への侵攻の気配を見せるたびに、ティベリウスはこのカードを示しては脅しをかけたのだった。

政治亡命や人質を、ローマ人はこのように考えていたのである。ローマ人がこれらの人々を牢（ろう）に入れたりして冷遇しなかったのは、いざとなれば使えるカード、であったからだった。

ところがしばらくして、マロボドゥヌスを追い出して族長に収まっていたカトゥアルダスもクーデターを起こされ、ローマに保護を求めてきた。ティベリウスはこれも受け入れる。カトゥアルダスの安住先は、南仏の海港フォールム・ユーリ（現フレジュス）。使えるカードは二枚になったのだった。

それでいてティベリウスは、この後でマルコマンニ族を統率したヴァニウスを、ローマ帝国の「友人（アミークス）」と認め、このドナウ北岸の独立国との間に同盟関係を結んだのである。このようなやり方こそ、リアル・ポリティークではないだろうか。実際、この冷徹な外交によってローマは、ライン河の東岸部同様ドナウ河の北岸にも味方をもつことになる。ゲルマン民族の雄アルミニウスも、孤立する一方になった。ゲルマン民族を結集してローマを撃破するという夢に賭（か）けたこの風雲児も、この二年後に小ぜり合いの中で死んだ。そしてその頃には、ドナウ河の下流部さえも、そこに住むトラキア人の内紛を利用した結果、ローマの覇権下に組み入れることに成功する。ティベリウスの元老院での発言である、「ローマの安全は、軍事ではなく政治で保証された」も嘘（うそ）ではない。このティベリウスを嫌いぬいたタキトゥスでさえも、その著作『年代記（アナーリ）』中に、次のように書くしかなかった。

「ティベリウスにとっての最大の関心は、帝国の安全の維持にあった」

ゲルマニクスの死

紀元一九年の春、エジプトを後にシリアにもどって来たゲルマニクスを待っていたのは、以前にも増して反撥心を露にする総督ピソだった。シリア属州の首都アンティオキアの総督邸では、激論を交わす二人の姿がしばしば見られたという。そして、ピソのほうは管轄下の小アジア西岸に行き、ゲルマニクスもパルミラへと発った。この時期にパルミラからさらに東へ向い、ユーフラテス河上でのパルティアとの友好条約の更新式にも臨んだのかもしれない。いずれにしても夏の砂漠の旅を終えてアンティオキアにもどってまもなく、ゲルマニクスは高熱で倒れてしまった。

しかし、ゲルマニクスを襲った高熱は、翌朝には嘘のように消えていた。ところがその夜、またも襲ってきたのだ。だがこれも、次の日の朝には消えた。その日一日中、通常の生活が送れたほどである。しかし高熱は、夜になるやもどってきた。そしてこのときの高熱は、翌朝になっても、少しは下がったにしても消え去りはしなかった。若き将軍の体力は、高熱の波が押し寄せるたびに眼に見えて衰えていった。

病床に伏したままのゲルマニクスの周囲では、この突然の病を、総督ピソが毒を盛ったからだとする声が大きくなった。誰よりも、ゲルマニクスがそれを信じた。最初の発熱から十日と過ぎない日、ゲルマニクスは、病床を囲む妻や友人たちに向って、復讐（ふくしゅう）してくれるようにと言い遺（のこ）して死んだ。紀元一九年十月十日、三十三歳の死であった。

シリアだけでなく全オリエントが、味方には優しく敵にも寛容だったこの若将の死を哀惜した。アンティオキアの中央広場で行われた火葬には、オリエント在住のローマ人だけでなく、ギリシア人もユダヤ人もセム人も参加した。航海には不適な季節に入っていたにかかわらず、妻のアグリッピーナは夫の遺灰を胸に、七歳のカリグラと生れて一年の娘を連れてローマに旅立つ。冬季ゆえにしばしばの寄港を強いられる、二ヵ月もの旅路だった。

このゲルマニクスの死について、毒殺にしては毒のまわりが遅すぎるとはしながらも、結局はティベリウスの密命を受けたピソによる毒殺説に傾いていた歴史家タキトゥスは、次のように叙述している。

「肉体の美しさ、死を迎えたときの年齢、死に至った原因、死を迎えた地が故国から遠く離れたオリエントであったことからも、ゲルマニクスの運命とアレクサンダー大王の運命は酷似している。二人とも、美しい肉体の持主であり、高貴な家の生れであり、三十を越えたばかりの若さであり、他国の民の中で死を迎え、家族の悪だくみの犠牲になったのであった。

しかし、ゲルマニクスは大王とちがい、友人には優しく快楽も自制し、結婚も一度しかせず多くの子にも恵まれた。

武将としての力量でも、もしもゲルマニア戦役の続行を妨害されていなかったならば、大王に迫る戦果をあげていただろう。もしも王に生れていて、それゆえに行動の自由があり決定を下す全権ももっていたのであったら、大王の軍事上の業績にすらも容易に肉薄できていたにちがいない。なぜなら、他者に対する寛大な態度、自己を律する能力、その他の多くの才能でも、ゲルマニクスのほうが優れていたからである」

右の一文は、帝国最高の歴史家タキトゥスの手になろうとも、現代の研究者たちの失笑を買わないではすまない箇所である。その一人は、「ゲルマニクスの死は、帝国の損失にはつながらなかった」とまで言っている。そして現代では、アレクサンダー大王の死因もゲルマニクスの死因も、マラリアであったことが定説になっている。だが、アレクサンダー大王の場合も、毒殺説は根強かったのだ。そして、若い死は、誰に対しても哀惜の念を呼び起こさずにはすまない。生前から人気の高かった人の場合はとくに、早すぎた死によっていっそうそれが加速される。欠陥を知っていた人でさえも、予想だにしなかった死の前にはすべてを忘れてしまう。ライン河防衛線を守る兵士たちも、かつての司令官の死には号泣した。それは、「ゲルマニクス神話」の誕生でもあった。

冬の航海をつづけてきたアグリッピーナの一行がコルフ島に到着したのを伝え知った人々は、誰言うともなく、コルフからは二日の距離にあるイタリア側の上陸港のブリンディシに集まりはじめた。首都ローマからも、ティベリウスが送った近衛軍団の三個大隊が到着する。遺灰の入った壺を胸にブリンディシに降り立った未亡人と遺児たちを、嘆きの声をあげる群衆が出迎えた。

古代のローマでは、花は生者への祝福や墓前に捧げられるので、死の直後は、人それぞれの財力に応じた品を燃やすことによって哀悼を示す。キリスト教時代になってもこの慣習は、ろうそくに火をともして捧げるという形で継承された。

三千人の近衛兵に守られてアッピア街道を北上するゲルマニクスの遺灰に対して、裕福な人は高価な没薬を焼き、貧しい人は自分が身につけている衣服を脱いで焼く列が絶えなかった。帝国の本国であるイタリア中が、自然発生的に喪に服したのである。まだ若いアグリッピーナと幼い遺児たちの姿が、人々の涙をよりいっそう誘った。

首都には百キロと近づいたテラチーナでは、ドナウ河前線から駆けつけたドゥルーススと、ゲルマニクスには実の弟になるクラウディウスと、オリエントには同行しなかったゲルマニクスの上の息子二人に、その年担当の執政官二人をはじめとする多くの元老院議員が出迎えた。テラチーナからはほとんど直線で、アッピア街道はローマに通じている。この道を亡きゲルマニクスは、家族と政府の高官たちに守られて首都に向った。

ローマに近づくにつれて、沿道で迎える人々の数が増した。もはや群衆となった人々の嘆きはあたりを圧し、哀悼の想いで燃やす品々のあげる煙で晴天までが曇るよう。これはもう、集団ヒステリーに似た現象以外の何ものでもなかった。

ところが、アッピア街道がつきてそこからは都市ローマがはじまるという地点には、誰もが予想していた人の姿はなかったのである。ゲルマニクスには義父にあたるティベリウスも、義理の祖母にあたるリヴィアも、そして実母のアントニアも出迎えていなかった。葬列がフォロ・ロマーノに入っても、ティベリウスは姿を見せなかった。そして、翌日には行われた国葬でも、故人をしのぶ弔辞をのべたのは義理の弟にあたるドゥルーススで、ティベリウスもリヴィアもアントニアも欠席した。ライヴァル視されてはいてもゲルマニクスとドゥルーススの義理の兄弟の仲は実に良く、二歳年下のドゥルーススの弔辞は、人々の心に深くしみ入るものだった。だが、その後の霊廟への埋葬の場でも、ティベリウスの姿はなかった。

国葬への欠席の理由を、ティベリウスは次のように公表している。実母のアントニアが嘆きのあまり病に伏していて欠席せざるをえない状態ゆえ、リヴィアもティベリウスも、そのアントニアをさしおいての出席は遠慮した、というのであった。

出しゃばりを極度に嫌ったティベリウスだから、これが真実であったかもしれない。また、「冷徹なプロフェッショナル」であろうとしたティベリウスが、「熱情あふれるディレッタント」に好意をもてなかったのも理解できる。しかし、このような場合にどう振舞うかは、個人的感情のいかんにかかわらない礼儀の問題である。それにゲルマニクスは、東方全域担当の最高司令官という、立派な公人であった。このときのティベリウスのとった態度は、弁護の余地もない失策とするしかない。

実際、人々は思い出し、比較したのである。ゲルマニクスの実父のドゥルーススが落馬が原因(もと)でゲルマニアの地で死んだ紀元前九年、アウグストゥスはわざわざ、五百キロも北のパヴィアまで出迎え、そこからローマまでの全行程を遺体につきそって帰ったことを思い出し、先帝とはちがうティベリウスの冷たい性格を痛感したのであった。

この時期のローマ人はまだ、百年後のタキトゥスのように、ゲルマニクスの毒殺はティベリウスがやらせた、とまでは思っていなかった。毒殺とは疑ってはいたが、もしもそうだとしても総督ピソが一存でやったことと思っていたのである。しかし、出迎えもせず葬礼にも欠席したティベリウスには、ローマ人は納得できなかった。彼らは、自分たちなりに、ゲルマニクスの死を哀悼して喪に服すことに決めたのである。現代式に言えば、一斉休業だった。

首都中が機能を止めた。裁判も無期延期、交易業者のオフィスも閉まったまま、商店も店を閉じ、職人の仕事場からは音も聞こえない。私塾も自然休校で、神殿の付近に人々の群れ集う姿が見られるだけだった。これが一ヵ月以上にもおよんだとき、ティベリウスは、首都の住民全員に向けて布告を発した。その全文を訳す。

「数多くの偉大な人物が、祖国のために命を落とした。しかし、今回に示されたような激しい哀悼は、その人々の誰もが受けなかったものである。ゲルマニクスの死に対して示された人々の悲嘆は、父であるわたしをはじめとする故人の家族全員にとって、非常な名誉であることは確かだ。ただしそれも、節度を保って示されてこそである。

世界を覇権下に置く国家の指導者や市民には、小国の人々ならば許される私的な悲嘆にあけくれる生き方は許されないのである。苦悩を耐え忍び涙によってそれを流そうとし、死者への喪に服す行為は当然だ。だが今は、毅然とした精神をとりもどし、新たなる力をもって起ち上がるときである。神君カエサルは一人娘の死への哀しみを隠しつづけたし、神君アウグストゥスは、次から次へと襲った孫たちの死でも責務は果しつづけたのである。

最近の例ならばわざわざ引くまでもないだろうが、ローマ国民は幾度、自分たちの軍団の敗北に耐え、自分たちの将軍の死に耐え、ローマ史上を飾った家門全体の崩壊に耐えてきたであろうか。

指導者一人一人は、死すべき運命にある。不滅なのは、国家である。ゆえに各人は、それぞれの職務にもどるよう。ローマ市民が愉しみにして待つ、大地母神の祝祭日も近づいてきた。日常の営みとは、職務と愉しみの双方で成り立つものなのである」

これで、集団ヒステリーも収まったのである。人々はそれぞれの職場にもどり、私塾も再開し、母親たちも以前のように家事に専念するようになった。しかし人々は、これだけはゆずらなかった。総督ピソを裁きの場に引き出すことである。世論の動向だけを見るならば、裁判も待たずに有罪と決まったようなものだった。

ピソ裁判

ゲルマニクスが病に倒れた当時、総督ピソはアンティオキアにはいなかった。だが、ただちにアンティオキアに駆けつけることもしなかった。そして、つづいて受けたのが死の知らせである。ピソの妻プランキーナは喜びを爆発させたというが、もしもそれが真実ならばよほど馬鹿な女だった。ピソのほうは、同行していた息子や友人や幕僚たちに相談した。任地シリアの首都であるアンティオキアにもどり、ゲルマニクスの死で最高責任者を欠くことになった東方の防衛体制の陣頭指揮をとるか、それともローマに行って皇帝と元老院に、ゲルマニクスとの確執について弁明するか、を相談したのである。幕僚たちは前者を主張し、息子と友人たちは後者をとるよう勧めた。

ピソは、元老院の有力者でもあった。この二者択一に迷ったあげくか、何と思ったのかピソは、シリア駐屯の四個軍団の兵士たちの懐柔工作をはじめた。だがそれも徹底してやったわけではなく、結局はローマに行くことに決めたのである。

そのようなことに時間を費やしてしまったこともあって、ピソのローマ入りは、アグリッピーナのそれよりも遅れた。しかも、本国イタリアに入るのにも、南伊のブリンディシではなく中伊のアンコーナに上陸し、そこからはフラミニア街道を下り、しかも途中で街道も捨て、テヴェレ河を下ってローマ入りするというまわり道をとっている。首都に着いたのは、ティベリウスの布告によって首都の住民の集団ヒステリーも収まった頃であった。ゆえに、元老院議員たちの間に弁明の根まわしをする時間もなく、いきなり被告席に立つことになってしまったのである。

ピソに死刑をと叫ぶ群衆がとりかこむ元老院の議場で、裁判ははじまった。もしもティベリウスが世論を気にする統治者であったなら、世論が望む方向に裁判をもっていくのが有利であったはずである。出迎えもせず葬礼にさえ欠席した不評も挽回(ばんかい)できたであろうし、後世のローマ人から毒殺の罪をかぶせられることもなかったにちがいない。だがティベリウスは、裁判の冒頭に次の演説をした。その全文を訳す。

「ピソは、わたしの父（アウグストゥス）の友人であり軍団長でもあった人である。その人物をわたしは、あなた方の承認を得て、ゲルマニクスに協力して東方の統治を行うようシリアに送った。ゆえにあなた方には、冷静に裁判に臨むことを求める。ゲルマニクスとの不仲の原因が、ピソ自身の傲慢（ごうまん）と競争心によったものか、また、あの若者の死を喜んだというのも単なる軽薄の結果なのか、それとも犯した犯罪の証（あか）しかを、冷静に慎重に検討してもらいたい。

ピソは、軍団指揮権もふくめた属州公務を託されて派遣された公人である。ゆえに、越権行為をしていたことが明らかになれば罪になる。また、公務上では彼の上司になるゲルマニクスの命令に服従しなかったのならば、それも罪になる。もしも、ゲルマニクスの死とそれによって引き起こされたわたしの悲しみに対して喜びを示したのなら、わたしは彼を憎悪（ぞうお）するだろう。わが家には出入りを禁ずるだろう。とはいえ、私的な侮辱に対して、『第一人者（プリンチエプス）』の権威を使って復讐（ふくしゅう）する気持はまったくない。

反対に、もしも処罰に値する犯罪を犯したということが明らかになったならば、直接の下手人が他の誰であったにせよ、それはゲルマニクスの息子たちに、われわれ家族の者たちに、正当な罰が下されたという慰めを与えてくれるだろう。

そしてピソが、配下の軍団内に不正をはびこらせ軍団を反乱に向けて扇動しようとしたというのも、はたして事実なのか、それとも、単なる噂を信じた告発者たちの誇張による虚偽かも明らかにする必要がある。もしも後者であったなら、たとえそれが友情の結果であろうと、わたしからの非難は覚悟しなければならないだろう。事実ゲルマニクスの死が毒殺であったとでもいうように、彼の遺体は裸体にされ、外国人も見守る中で中央広場にさらされたのであった。ところが死の因は、今でも不明であり、今この場で明らかにすることを求められている問題の一つなのである。

わたし個人としては、息子の死には涙したし、これからも涙するだろう。しかし、同時に、わが息子を殺したとして訴えられている被告には、あらゆる手段に訴えて、ゲルマニクスからの命令でも不当と思ったことまでふくめて、弁明する機会が与えられることを望む。ゆえに諸君も、外部の声に耳を貸すことなく裁判に臨んでほしいのだ。そしてそうすることこそが、わたしの悲しみへの最も適切な敬意の表現であると思ってもらいたい。

血縁のゆえか友情に殉じてかにしろ被告の弁護に立つ者には、告発者と同等の権利が与えられることが保証された以上、彼らと同じ誠意と才能のかぎりをつくして弁護に当ってもらいたい。

法の前には万人は平等だが、ゲルマニクスの死については特権は一つだけ与えられている。それは、通常の裁判の場で裁かれるのではなく、元老院の議場で裁かれるということだ。この一事以外のすべては、ローマの通常の裁判とまったく同じに考えられ、行われねばならない。

議員諸君、ドゥルーススの涙もわたしの悲しみも、そしてあらゆる声も無視して裁きに臨んでもらうのが、わたしの何よりの願いである」

裁判は、通常の裁判よりはずっと長い時間をかけると決まった。告訴理由の説明の二日と弁護側の弁論の三日の間に六日の期間をはさみ、その後で熟慮したうえでの判決、と決まったのである。告発者はカエキーナ、ヴェラニウス、ヴィテリウスの三人で、いずれもゲルマニア戦役中、ゲルマニクスの下で軍団長を務めた人々だ。東方に派遣されたゲルマニクスに、自ら望んで同行した武将たちでもあった。彼らによれば、次の罪でピソは有罪に値した。

第一に、シリア駐屯の四個軍団の兵士たちに放縦を許したこと。

第二は、同盟諸国の王たちに対し、専横に振舞ったこと。

この二つによって、東方全域の最高責任者であるゲルマニクスへのこの人々の憎悪をまき起し、軍団内には無秩序が支配するようになり、その結果、ピソは軍団内の不良分子からは軍団の父と呼ばれるほどの人気を獲得したが、善良な兵士たちからは軽蔑されるようになったとして、弾劾したのである。

そして第三は、魔術と毒薬を使って、ゲルマニクスを殺したこと、であった。告発者たちが強調したのは、ピソの妻プランキーナが東洋の魔術にのめりこみ、それを使うのを趣味にしていたという点である。そして、告発の最後を彼らは、ピソが軍団兵を唆して祖国へ弓を引くつもりであったと言って結んだ。

弁護側の論調は、告発側の勢いに比べればいかにも弱かった。軍団兵たちの懐柔工作に動いたとの非難は、否認できなかった。軍団を秩序が乱れた状態に放置したことも、否定できなかった。同盟諸国の君主たちとの関係も、彼らの不満は公然たるものになっていたので、これも否定はできない。ティベリウスがとくに重視した命令不服従の真否も、ゲルマニクスの命令をすべて拒否したのではなかったとは反論できても、忠実に実行したとまでは言えなかった。こうなれば弁護側は、毒殺の真否にのみ反論を集中させるしかなかったのである。

毒殺の証拠は、何一つなかった。告発側の言うように、アンティオキアの総督官邸内で開かれた宴の席で、ピソが自らゲルマニクスの杯に毒を入れたとする説も、説得力がなかった。二人の不仲は公然であったので、二人がともに同席する場所では、奴隷たちの視線までがピソに集中していたからである。

元老院内部のこの空気の変化は、議場の外で裁判の経過を見守る群衆を硬化させた。元老院が無罪にしようと自分たちの手からは逃れられないと叫ぶ人々で、ピソは議場の外に出ることさえままならない有様。周囲に幕が引かれた輿の中にかくれ、その輿を近衛軍団の一隊が守ってようやく帰宅できる状態だった。それでもピソは息子たちにはげまされ、弁論の最後の日まで元老院に通いつづけたのである。

しかし、元老院議員たちのその彼に向ける視線から、軽蔑と敵意が消えたことはなかった。また、裁判には連日出席したティベリウスも、いつものように顔色ひとつ変えない、怒りも見せなければ同情も示さない、何を思っているのか他者にはうかがい知れない態度で終始したのである。そして、ピソ同様に民衆の怒りが集中していた妻のプランキーナは、夫から距離を置くようになり、以前から親しい仲だった皇母リヴィアにすがることで助かろうとしていた。

ピソは、自死を決心する。弁護に立ってくれた人々も、毒殺の罪は証拠不充分でまぬがれたとしても、命令不服従の罪を逃れるのはむずかしいと告げていたのである。そして自死だけが、息子たちを救う道でもあった。

判決の日の朝、ピソは、のどをかき切った姿で発見された。しかし判決は、被告の生死にかかわりなく下されたのである。

一、ピソの名は、公式記録から抹殺される。

二、ピソの資産は、半ばは没収されて国庫に、残りは、ローマにいて事件とは無関係だったピソの長男グネウスに遺(のこ)される。ただし、グネウスは以後、ピソという姓を変えること。

三、シリアに赴任した父に同行していた次男のマルクスは、元老院議員の資格を剝(はく)奪(だつ)され、父の資産から五百万セステルティウスのみ与えられ、首都ローマから十年間追放される。

四、妻のプランキーナは、国母リヴィアからの嘆願もあったことゆえ、罪は不問とする。

皇帝には、控(こう)訴(そ)を受けてそれに裁決を下す権利がある。被告はすでに死んでいるので控訴はなかったが、ティベリウスは自分のもつ権利を行使した。つまり、「最高裁判決」を下したのである。

まず、ピソの名を公式記録から削除するとした判決は、ローマに戦いを挑んだマルクス・アントニウスでさえその名は公式記録に残されたままであるとしてしりぞけた。また、ピソの次男マルクスの元老院議員の資格の剝奪も十年間の首都追放も撤回し、彼にも兄同様に、亡き父の遺した資産の半ばを継ぐ権利を認めた。その理由についてティベリウスは、息子は父の意向に反対できないものである、と言っている。妻のプランキーナについては、元老院の判決そのままとした。

ティベリウスの下した「最高裁判決」を承認した元老院だったが、そのうちの二人から、復讐の神マルスに捧げた神殿内に亡きゲルマニクスの黄金像を立てるとした動議が提出された。これにティベリウスは、次の理由をあげて反対した。この種の神聖化は、他国民相手の勝利に対して成されるものであって、自国内の不祥事は悲しみとともに葬らるべきものである、と言ったのである。

こうして、帝国中の人々が注目した、ピソ裁判は終った。世論も、これ以上のことは求めなかった。ただし、この判決の内容は、後の時代のローマ人にティベリウス関与の疑いをいだかせることになったが、未亡人アグリッピーナの胸に、ティベリウスへの憎悪の念を植えつけることにもなったのである。アウグストゥスの血を引くことを誇りにしていた彼女は以前から、アウグストゥスとは血縁関係にないティベリウスを皇位を横取りした者と見ていたのだが、ゲルマニクスの死によっていっそうその想いが強まったのだ。皇位をめぐっての競争者を排除するために、ティベリウスはピソを使って夫を殺させたと、アグリッピーナは信じて疑わなくなった。

義理の嫁の胸の想いだけならば、そのようなことにかまっている暇はティベリウスにはなかった。また、かまう性格でもなかった。しかし、「ゲルマニクス神話」のひとり歩きを放置するか否(いな)かは、国内の安全をも左右しかねない政治問題である。法律体系の創始者ローマ人の面目躍如としてもよい、模範的な裁判は終えることはできた。だがそれゆえにかえって、後に遺った「神話」には手を打っておく必要があったのである。

ピソ裁判が終った数日後、ティベリウスは元老院に、裁判では告発側にまわって熱弁をふるったカエキーナとヴェラニウスとヴィテリウスの三人を、神祇官(じんぎかん)にすることの承認を求めた。ゲルマニクスの部下であったこの三人は騎士階級に属したので、元老院階級から出るのが通例の神祇官になることは、ローマでは社会的地位の昇格を意味したのである。元老院は承認した。そしてその後もティベリウスは、この三人を重用している。とくにその一人のヴィテリウスには、後年再びオリエントでローマが調整に乗り出す必要に迫られたとき、紀元一七年当時のゲルマニクスにも匹敵する大権を与えて送り出すことになる。ただしこれも、ゲルマニクス派の人々の懐柔工作だけならば神祇官に昇格させた時点で終ったとしてもよいことであり、その後の重用となると、才能豊かな人材の活用でしかなかったのである。ティベリウスとは、情実で動くことだけは絶対にできない男だった。

アグリッピーナ

アウグストゥス死後のユリウス一門のカエサル家の家長は、アウグストゥスの養子であったティベリウスである。そしてティベリウスは、アウグストゥスの意を受けて、ゲルマニクスを養子にしていた。ローマ法による家父長権とは、家族全員の生殺与奪の権をもつほどに強大だが、それだけになお、家族全員を保護する義務が課されている。法律上の息子であったゲルマニクスが死んだ今、その子たちを保護する義務は、法律上の祖父であるティベリウスにかかってくるのだった。

ティベリウスは、亡きゲルマニクスの長男のネロを元老院に伴ない、元老院の議員たちに、ゲルマニクスの遺子への特別の配慮を求めた。このネロ・カエサルは成人式は済ませていたが、十四歳では公職にははるかに遠い。ローマでの重要公職のキャリ

ア は、二十五歳が資格年齢の会計検査官（クワエストル）からはじまるのである。しかもその前に、さして重要でない公職をいくつか経験するのが、会計検査官の選挙に立候補できる条件だった。ティベリウスが承認を求めた特別な配慮とは、第一に、非重要な公職経験の免除、第二は、資格年齢に達する五年前に、つまり二十歳で会計検査官への立候補の権利を認めてくれること、であった。

列席の元老院議員たちは、この要請の意味するところをただちに理解したであろう。皇帝でなく「第一人者（プリンチェプス）」などという偽善的な名称で呼ばれることを欲しようとも、そして就任以来のティベリウスの元老院との協力的姿勢にもかかわらず、ローマ帝国の最高統治権はユリウス一門に属しつづけるとしたアウグストゥスの政治の、ティベリウスもまた忠実な継承者であることを感じとったはずである。しかし、それでも議員たちは、ティベリウスの要請を受け容（い）れた。外観は共和政でも実体は帝政である国家ローマは、もはや既成の事実であったからだ。

たとえ家族の一員に関することでもそれが公職となれば元老院の承認を得るのが、アウグストゥスが創設したローマ式の帝政だが、そのアウグストゥスでも、ローマ伝来の家父長権には手をつけていない。ゆえにティベリウスは家長の権利を行使して、ネロ・カエサルの婚約も決めた。婚約の相手は、ドゥルーススの娘ユリア。ティベリ

アグリッピーナ

ウスの実の息子であるドゥルーススはゲルマニクスの妹と結婚していたから、ネロ・カエサルにしてみれば、叔母の娘と結婚することになる。ローマの民衆はこれで満足したのである。彼らが愛慕してやまないゲルマニクスの遺子の皇位継承が、この婚約によって確実になったと思ったからだろう。しかし、ネロの母アグリッピーナの胸に燃える憎悪（ぞうお）までは消すことはできなかった。なぜなら、年も代わった紀元二一年、執政官職に就くことを遠慮してきたティベリウスが、ドゥルーススともどもそれに立候補し、当選を果して就任したからである。ドゥルーススの権威を高める目的で成された、親子ともの執政官就任であることは明らかであった。なぜなら、前回のティベリウスの執政官就任は紀元一九年。その時の同僚執政官は、ゲルマニクスであったからだ。アグリッピーナからみれば、自分の息子ネロの皇位継承の可能性が後退したことを意味したのだった。

　しかし、ティベリウスはその年、六十二歳になっていた。いつ何が起こっても不思議でない年齢である。ネロ・カエサルは十五歳。そしてドゥルーススは三十三歳。皇位のスムーズな継承という形での政局安定を重視するならば、ティベリウス──→ドゥルースス──→ネロ・カエサルとなったとしてもそれはそれで自然に思う。だが、血統絶対視という一事にかぎるならばアウグストゥスの孫の名に恥じなかったアグリッピーナは、そうは考えなかった。ドゥルーススには二年前に、双生児の男子が生れていた。一人はまもなく死んだが、もう一人は生きて二歳を迎えている。ティベリウスには、はじめての男孫でもあった。彼女は、自分の息子にくるべき皇位が、ティベリウスの実子の系統に流れていくのを怖れたのだ。そしてこのアグリッピーナの心配には、彼女にしてみれば立派な大義名分があった。そうなった場合の皇位は、アウグストゥスの生前の願いとは無縁な人々に継がれていくのだという、大義名分があったのである。二歳の幼児はアグリッピーナにとっては義妹の息子に当るが、その二歳の幼児の父のドゥルーススは、生前のアウグストゥスが準備していた、皇位継承の候補者には入っていなかったからである。

そしてアグリッピーナは、考えはじめたらそのことしか頭になく、しかもそれのみを執拗に突き進めていく性格の持主だった。以前の憎悪に今や恐怖さえも加わったこの女人のティベリウス観の行きつく先は、「アグリッピーナ派」としてもよい党派の結成であったのだ。ただしそれも、紀元二一年の段階ではまだ、「ゲルマニクス神話」

と結びつくまでには至らなかった。なぜなら、自分の周囲にティベリウスの悪口を言う女たちを集めたにすぎなかったからである。

その程度ならば、さしてむずかしい作業ではなかった。ティベリウスは、ローマの上流階級の女たちに人気がなかったからである。ユリアとの事実上の離婚をした三十六歳の頃から三十年近くが経(た)っていながら、ティベリウスは女たちを近づけなかった。もしも愛人でもいたのならゴシップ好きの史家スヴェトニウスが見逃すはずはないから、女の影さえもなかったということだろう。妻になる望みも与えない男でもかまわないとは、女はなかなか思わないものである。それにティベリウスの生き方からして、宴会も好まず娯楽にも興味を示さないという文字どおりの「ストイック」で、これも女たちに人気がなかった要因であった。

だがティベリウスは、同性愛者ではない。女を愛したことがない男でもなかった。おそらくそのティベリウスが唯一(ただ)人愛した女人、息子ドゥルーススの母だが、アウグストゥスの命令でアウグストゥスの娘ユリアと結婚するために離婚させられたヴィプサーニアが、この前の年に死んでいた。離別直後に偶然に姿を見かけて以後は、顔を合わせることさえも避けつづけた女(ひと)だった。ティベリウスの脳裡(のうり)に焼きついているヴイプサーニアは、二人ともが若かった三十年昔の姿のままであったろう。

紀元二一年のその年、皇帝に就任以来はじめて、ティベリウスは首都ローマを留守にした。別の地で、成すべき仕事が待っていたのではない。自分とともに執政官に就任させるという形で第一後継者であることを世に示した息子のドゥルーススに、最高責任者の経験を積ませるためであったのだ。その証拠に、この時期のティベリウスの滞在先は、アッピア街道一本で首都とは連絡可能な、ナポリ近郊から動いていない。

そして三十三歳のドゥルーススも、なかなかに良くやった。元老院内が若手と老年に二分して世代間の意見対立が表面化していたのも、若手組の筆頭の彼の調整で収めることに成功している。また、公共事業の請負業者の不正を一掃したのも彼だった。軍団兵が工事に従事するのが通常の街道を除けば、ローマの公共事業のほとんどは私営の「会社(ソチエタス)」に発注されるシステムになっている。それで、発注する側の国家公務員と受注する側の私企業の間になれあい関係が生じやすい。執政官ドゥルーススは、この両者ともを告訴することによって不正を摘発し、「会社(ソチエタス)」間に競争原理を再導入したのである。不正によって膨張していた公共事業費も、これによって減少した。

しかし、帝国の運営とは、行政官の最高位である執政官(コンスル)の職権では処理できない。とくに、帝国の平和の維持に関する問題となると、ローマ軍全体の最高司令官(インペラトール)であるティベリウスの出馬が不可欠になる。北アフリカとガリアで勃発(ぼっぱつ)した反乱への対処は、執政官ではなく皇帝の仕事だった。

ティベリウスは、二つの道の一つを選択しなければならなかった。首都にもどって陣頭指揮をとるか、それともナポリ近郊に滞在しつづけてのリモート・コントロールに徹するか、である。ティベリウスは、後者を選択した。

ただし、後者をとった場合は、敏速で正確な情報収集力に加えて指揮系統の確立が求められる。ティベリウスという男は、この面での才能では完璧(かんぺき)であったようである。帝国全域から彼のもとに集中する情報を基にしての的確な指示なり提言なりを記した書簡をもった急使が、馬を駆ってアッピア街道を北上する度合いが激増した。

砂漠の民

北アフリカで起こった騒乱とは、ローマ軍の補助部隊(アウジリアリス)で軍務を積んだタクファァリナスという男が、砂漠の民を率いてローマの属州を侵略したことで起こった事件である。砂漠の民にすれば、ローマによる耕地の拡大が脅威に思えたのだろう。移動型の民族は常に、定住型の民族に対して敵意を燃やすものである。また、移住民族の生活手段獲得の主たるものは、定住民族を襲って略奪することにあった。

ローマの中央政府はその防衛に一個軍団を常駐させていたのだが、現代の国家別ではチュニジアとリビアの西部までを網羅する当時の「アフリカ属州」は元老院の管轄（かんかつ）に属し、いわゆる「元老院属州」の一つになっている。属州総督も、元老院議員間の互選で決まる。だが、これもアウグストゥスの深謀遠慮の一例で、元老院属州と認定された属州の統治に赴任する総督には、軍団指揮権（インペリウム）は与えられてはいなかった。政治は担当しても、軍事は職権外であったのだ。たとえその地に軍団が常駐していても、その軍団の指揮権は皇帝が任命権をもつ軍団長（レガートゥス）にあった。つまりアウグストゥスは、元老院の管轄と定めた「元老院属州」でさえも、文官と武官を分けることによって、皇帝の権力の強化を実現したのである。

しかしこれが機能できるのは、内敵外敵ともに問題のない場合であった。内敵になりえた旧カルタゴ系の住民は、彼らの首都であった海港都市カルタゴの再建や水道街道その他のインフラ整備によって、すでに充分にローマ化しているので問題はない。

外敵も、東のエジプトと西のマウリタニアがローマの覇権下にある以上、心配しなければならないのは南からの敵のみである。南からの敵とは、砂漠の民だった。だが、有能な指導者をもたないかぎり、彼らとて強盗の群れでしかない。軍隊というより警察の任務だけならば、一個軍団と補助部隊を合わせても一万に満たない防衛力で充分であったのだ。

しかし、ローマ軍の闘い方をよく知っているタクファリナスに率いられるようになってからは、部族ごとに独立していた強盗の群れも軍隊化し、警察力程度の防衛力では手におえなくなった。それが明らかになった二年前、ティベリウスは、ドナウ河防衛担当の軍勢から一個軍団をはずし、海路北アフリカに移動させている。これでタクファリナスを砂漠の向うに追い返すことはできたが、支援の一個軍団がアフリカを去るや、またもとの状態にもどってしまったのである。

紀元二一年、ティベリウスはこの問題の抜本的解決を決意する。しかし、帝国全域の防衛を担当する二十五個軍団から増やす気もなければ、そのうちの一個軍団にしろ北アフリカに送る気もなかった。軍事費の増大を避けたかったからである。それでティベリウスは、問題の解決を迫られている「アフリカ属州」にかぎって、また解決ま

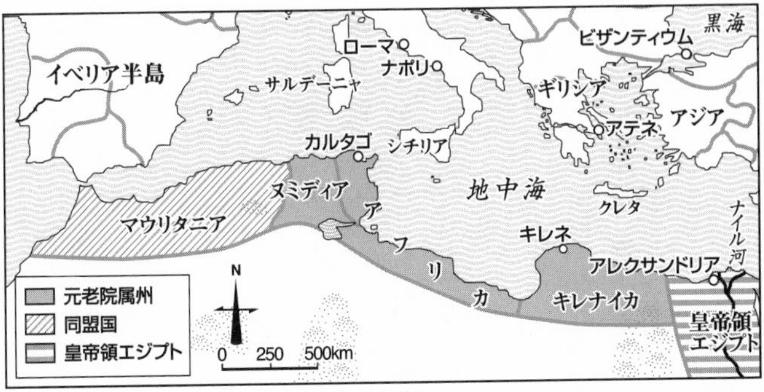

北アフリカ

での期間にかぎって、それまでの文官と武官の分離システムを変えたのである。軍団指揮権も与えた総督を送り出すことによって、侵略者対策を、一軍団長の担当から総督の任務に変える。そうなれば属州内の指揮系統も統一され、侵略者対策にも、政事軍事総合して当れるようになる。このシステムは、常時敵と相対していなければならない、ラインやドナウの前線やパルティアと向い合うシリア等の「皇帝属州」では、以前から採用されてきたシステムであった。しかし、アフリカ属州は「元老院属州」に属す。ティベリウスが決める権利をもつ「皇帝属州」ではない。それでティベリウスは、軍団指揮権も与えた総督の人選を、元老院に求めたのである。

ティベリウスの要請をめぐって、元老院では討議が重ねられた。討論は活発に行われたが、人選となると一人にしぼれない。元老院議員たちの本音は、従来のような快適な海港都市カルタゴの総督官邸ぐらしならば歓迎だが、砂漠での天幕生活は御免だ、にあった。結局、ティベリウスにもどってきた回答は、人選は皇帝に一任したい、であったのだ。

それでもティベリウスは、再び送った書簡の中で軍事才能豊かとみた二人の元老院議員の名を列記し、この二人の中から一人を選ぶよう求めた。名をあげられたレピドゥスとブラエススの二人には、元老院議場で意見をのべる権利が与えられた。共和政時代からの名門貴族のレピドゥスは、健康がすぐれないことを理由にあげ、娘もまだ嫁入り前であると言い、婉曲な言いまわしながらもブラエススのほうが適任だと言って発言を終えた。新興の元老院議員であるブラエススのほうは、逃げるのは卑怯と思ったのか、選ばれれば受けると答えた。もちろん、これで一件落着と喜んだ議員たちの票はブラエススに集中したのである。こうして、北アフリカの砂漠の民への対策も、明確な一歩を踏み出すことになったのだった。ローマの軍事力ならば、方針さえ明確になれば後は時間の問題だ。実際、これより二年後に、追いつめられたタクファリナスの戦死で問題は解決することになる。

ドゥルイデス教

一方、これと同時期に起こったガリアでの反乱のほうだが、こちらでの原因は外部の敵の侵略ではなく、高率な借金の利子への不満が火つけ役になった。本国イタリアでは年率一二パーセントに上限が押さえられている利率が、どうやら属州では無制限であったようなのだ。七十年も昔のカエサル時代に四八パーセントの高利をむさぼっていたブルータスは例外としても、〝ハイリスク〟と見られた「皇帝属州」への投資が、〝ハイリターン〟を期すのは経済の論理でもある。事実、同じガリアでも、ローマ化も進み安全な南仏は「元老院属州」だが、そこでは反乱は起こっていない。南仏属州は本国イタリア同様に、金融面でも〝ローリスク・ローリターン〟であったのかと想像する。

それで紀元二一年の反乱は七十年昔にカエサルによって征服された、ローマ人の呼び方ならば「長髪のガリア（ガリア・コマータ）」で起こったのだが、借金苦もローマが属州税を徴収するからであるとなって、ほこ先がローマの中央政府に向けられたのも当然である。ただし、面白い現象があった。反乱の首謀者たち全員のセカンド・ネームがユリウスであることと、ローマ市民権所有者であったことである。

ガリアの制覇終了後にユリウス・カエサルは、戦後処理という形ながらガリアの将来の統治方式を確立したのだが、そのときの方策の一つが、被征服部族の長たちに自分の家門名とローマ市民権を大盤振舞したことだった。家門名を与えることはローマ式に考えれば「クリエンテス」（被保護者）にしたという意味だが、現代風に言い換えれば「のれん分け」であり「子分」にしたということである。おかげで、「長髪のガリア人」でも指導者階級に属す人はそれ以降、ほぼ全員がローマ市民になりユリウスのセカンド・ネームをもつ身になった。ローマ市民権も「クリエンテス」関係も、世襲の権利であり義務であったからである。しかし、紀元二一年当時の反乱の首謀者三人ともがユリウスを名乗るガリア人であったとしても、それによってカエサルによるガリア政策が失敗であったことにはならない。なぜなら、反乱に起ったのはガリア東部の「ユリウス」のみであって、ガリア西部や南部の「ユリウス」たちは起たなかったからである。

ではなぜ、反乱は東部ガリアで起こったのか。借金の利子の高さへの反撥ならば、ローマ化の進んでいる南仏は別にしても、ローマ化の程度ならば同じの西部ガリアでも起こって当然ではなかったか。
それは、当時の記録の片々によって想像するしかないのだが、私の考えるには、学生が、そしてその背後には、ガリアの民族宗教の祭司階級がからんでいたからではないかと思う。
アウグストゥスは紀元前二〇年代前後にガリアの再編成を行った際、「長髪のガリア」最大の部族であるヘドゥイ族の首都ビブラクテ（現オータン）を、学問の都市に変貌（へんぼう）させた。大学都市、と呼ぶのは少々はばかられる。ハイスクールとカレッジの町、と考えたほうが適切と思う。なぜなら、ガリアの優秀な若者たちに高等教育を与えるのが目的であって、それ以上に学を極めたい者には、高名な教授の集まるローマがありアテネがあり、ロードス島がありエジプトのアレクサンドリアがあった。
アウグストゥスが、特別に学問を好んだのではない。教育に熱心であったわけでもない。それまでは宗教と司法と教育を一手ににぎっていたガリアの民族宗教の祭司ドゥルイデスから、教育をとりあげる目的で成されたのだ。当時の高等教育とは、ギリシア・ローマ式の考え方を学ぶことであった。そして司法は、ローマから派遣されて属州の統治を担当する属州総督の任務になったので、これもドゥルイデスからとりあげたことになる。ローマとちがってガリアでは、ドゥルイデスと呼ばれた独立した祭司階級があり、彼らが強大な影響力をふるうことができたのも、宗教の他に司法と教育を牛耳っていたからだった。

しかし、アウグストゥスの「ドゥルイデス」対策は、これで終わりではなかった。ドゥルイデス教を弾圧したのではなかったが、この宗教にローマ市民が帰依するのは禁じたのである。人身御供を許容する宗教を、ローマ人は、それがエトルリア民族のものであろうとカルタゴ人の宗教であろうと、野蛮と断じて嫌ったのだ。

だが、この禁止令によって、ガリアの民族宗教ドゥルイデスの祭司たちは、ガリアの指導層への影響力も失ってしまったことになる。指導層のほぼ全員が、ローマ市民権の所有者になっていたからだ。存亡の危機に立たされた想いの祭司たちは、それとガリア民族のナショナリズムを結びつける。民族自決の理想に、血気盛んな若者たちを巻きこむのは簡単だった。こうして、借金の利子への不満とガリア・ナショナリズムは合流したのである。それが、オータンのあるガリア東部で反乱が火を噴いた理由であった。しかし、反乱側は誤算を犯しすぎた。

誤算の第一は、ゲルマニア征服も断念し、ゲルマニクスを東方に任地換えして以後

ブリタニア
ゲルマニア
ドーヴァー海峡
ケルン
低地
ゲルマニア
アミアン
トリアー
ライン河
モーゼル河
ランス
セーヌ河
パリ
ベルジカ
ガリア・ルグドゥネンシス
トゥール
ロアール河
高地
ゲルマニア
ブールジュ
オータン
ポアティエ
ソーヌ川
ジュネーヴ
アクィターニア
アルプス山脈
リヨン
ビスケー湾
N
ボルドー
本国
イタリア
ガロンヌ河
ガリア・ナルボネンシス
フレジュス
ナルボンヌ
マルセーユ
0
100km
ローヌ河
ピレネー山脈
スペイン
地中海

ガリア全土

は皇族の総司令官も置かなくなったライン河防衛軍団では、軍規も乱れ士気も落ちていると予想していたのだが、これは完全に裏目に出た。ティベリウスの適切な処置で、軍団長クラスは生れよりも実力で優れた人々が起用され、各軍団基地の設備も機能も、そこが定基地となった以上、ゲルマニア戦役当時よりは格段に向上していた。また、軍団自体が、ライン河沿いで軍務に就く兵士の役目はゲルマン人の侵略に対しての防衛のみではなく、後背地のガリアの安定の維持にもあることを知っていた。それゆえ、ティベリウスからの命令を待つことなく、即時に行動を起こさせたのである。

誤算の第二は、ローマ市民で構成されている軍団とともに軍務に就いている補助隊に属すガリア出身の兵士たちが、同胞の蜂起を知って脱走し参加してくれると予想していたことである。だがこれも裏目に出る。反乱の制圧に送られた軍団の前衛を務めるガリア兵たちは、迷うことなく同胞に襲いかかった。

誤算の第三は、南仏は期待していなかったにせよ、西部ガリアも北部ガリアも同調しなかったことである。結局、紀元二一年の反乱は、ガリア東部にかぎられたことになり、反乱側には実に不都合にも、ライン河駐屯のローマ軍からは最も近い地方で乱を起こしたということになった。

誤算の第四は、ローマ軍の最高司令権をもつティベリウスの、老齢と首都不在を過信した点にあった。老いた皇帝は気候温暖な南イタリアに行ったままで、政務もなおざりにしていると思いこんだのである。無理もない。首都ローマの庶民も同じように考え、ティベリウスを非難していたのだから。

しかし、ガリアの反乱分子もローマの庶民も、ティベリウスという男が、責任の分担を重視し、それぞれが各自の任務を果すやり方を好むのを知らなかった。実際、首都を留守にしていながらもティベリウスは、情報は刻々と受けていても指令は発していない。ライン防衛線の司令官二人に、主導権を預けたままで終始した。

東部ガリアでの反乱は、八個軍団のうち二個軍団と補助兵の計二万五千を使っただけで、当初は四万を越えていた反乱側も半年も経ないで鎮圧された。首謀者の三人の「ユリウス」たちは、いずれも自死して果て、学生たちの多くも戦死した。

鎮圧が成った段階でティベリウスは、元老院に書簡を送り、すべてを詳細に報告した。ティベリウス嫌いのタキトゥスでも、「何一つ隠さず、何一つ誇張せず」と評したくらいの客観的な報告書だった。その中でティベリウスは、短期の鎮圧成功の理由を、軍団長たちの責任感と力量にあったとしている。そして、反乱勃発(ぼっぱつ)を知ってもティベリウスはローマにとって返さず、鎮圧の進行中でもドゥルーススも首都を動かなかったという非難に対しては、次のように弁明した。

「一つか二つの民に反乱を起こされたからといってそのたびに右往左往するのでは、最高指導者(プリンチェプス)の品位を汚すことになる。ましてや、世界を支配する都市ローマを捨ててまで現場に駆けつけるとは、もってのほかである」

ガリアでの反乱鎮圧は、ローマ軍の戦果であった。それで元老院は、ローマ全軍の最高司令官のティベリウスに、凱旋(がいせん)式挙行の許可を採決したのである。ただしそれは、ラテン語では「オヴァティオ」（Ovatio）と言い、勝利者は四頭の馬に引かれた戦車を駆って参加する「トリウンフス」（Triumphus）よりは格が下の、騎馬姿でのぞむ式であった。

六十三歳のティベリウスはただちに元老院に書簡を送り、謝意の代わりに次のように答えた。

「ガリア人よりは数段戦闘的なゲルマン民族に対してすらも数々の勝利を収め、若い頃より幾度となく『トリウンフス』の栄誉に輝いた身が、老齢の今になってローマの街中を馬で散歩するという褒賞(ほうしょう)を嬉(うれ)しく受けるほど、わたしは栄誉に餓(う)えてはいないのである」

この種の皮肉を言わずにいられないのが、ティベリウスの性格なのであった。
反乱参加の学生たちの根城になったオータンの学校は、これ以後も閉鎖されなかった。借金の利子率が低くなったかどうかは、史料は伝えてくれていない。しかし、「長髪のガリア」では以後このことで不満が爆発した記録もないところから、何らかの手は打たれたのにちがいない。
オータンの高等教育機関の存続に加えてもう一つはっきりしている史実は、ティベリウスによるガリア全域からの「ドゥルイデス」の追放である。ガリア（ギリシア読みならケルト）の民族宗教の祭司たちは、ブリタニア（現イギリス）に逃げて行くしかなかった。余談だが、円卓の騎士で有名なアーサー王の子供時代の養育係であったという魔術師メルリーノは、「ドゥルイデス」であったと言われている。

宗教観

現代の国別ならばフランス、ベルギー、スイス、ルクセンブルク、オランダの東部、ドイツの西部を網羅する古代ローマ時代のガリア全域から、ガリア（ケルト）の民族宗教の祭司階級ドゥルイデスの全面追放を述べたついでに、皇帝ティベリウスの宗教観について考察してみるのも無駄ではないように思う。なぜなら、ティベリウスとは直接の関係はなかったが、彼の治世中にパレスティーナの地では、キリストと呼ばれることになるイエスが活動をはじめ、そしてティベリウスの治世も終りに近づいた頃に、十字架の上で死ぬことになるからである。

結論を先に述べれば、このイエス・キリストが言ったという、「皇帝(カエサル)のものは皇帝に、神のものは神に」の一句を知ったならば、誰よりもそれに賛同したのはティベリウスであったろうと思う。政治と宗教の分離は、ユリウス・カエサルにとってもアウグストゥスにとってもあらためて考察の必要もないくらいの「理(ことわり)」であったが、この二人がもしも生前に自分たちの死後の神格化を知ったとしても、違和感はいだかなかったにちがいない。多神教の神は、一神教の神がそれを信ずる人々の生き方まで定めるのとはちがって、人々を保護する役割しかもたないからである。帝政への道を切り開いたカエサルと、その後に現われて道を高速道路に変えたアウグストゥスの二人ならば、その道を歩むローマ人の保護役に適していただろう。しかしティベリウスに課された任務は、高速道路のメンテナンスを完璧(かんぺき)にし、たとえ彼の後に誰がその任に就こうとも、高速道路がもとの田舎道にもどらないようにすることであった。苦労では劣らなくても、任務の質は自ずから異なる。そしてそれを、彼自身が誰よりも知っていた。

このティベリウスは、自分自身の神格化につながりそうなことは、神経質なくらいに避けている。七月がユリウス、八月がアウグストゥスと改名したのに倣(なら)って九月をティベリウスと変えたいとの元老院の提案も拒否し、「国家の父(パーテル・パトリアエ)」の称号も受けなかった。神殿に彼の像を立てる申し出も、よほどの政治的な理由がないかぎり受けず、それも神格化の慣習の長い東方の属州にかぎり、その他はことごとく拒否している。実母リヴィアの地位も、先帝の妻以上の待遇は許さなかった。死すべき運命にある一人間として終始するという態度を、死ぬまで変えていない。そして、この生き方を貫いた人が、ローマでは、宗教界の第一人者である「最高神祇官(ポンティフクス・マクシムス)」なのであった。しかもローマの宗教では、その歴史のはじめから終りまで、独立した祭職者階級は存在していない。この二事以上に、ローマ人の宗教の性格を示すこともないように思う。このローマで、宗教と政治の分離分担が自明の理と思われつづけたのも当然であったろう。

しかし、個々の人間を保護するのは神々の役割としても、その人間が集まって構成されている共同体（レス・プブリカ）の「保護」は、政治の役割である。ゆえに、信教の自由を認めるのは当然だが、それとて社会不安の要因にならないかぎり、というのが、ローマの指導者たちに一貫した宗教観であったのだ。

一人として帝政を夢見もしなかった前三世紀の共和政時代、ギリシアから入ってきたディオニッソス信仰がローマの女たちの心を捕えたことがある。葡萄酒を飲んで酔払って踊り狂うというさして罪もない宗教だったが、社会に不健全な影響を与えるとした元老院によって、徹底的に弾圧され一掃されている。それでいながらローマは、征服が進むにつれて覇権下に加わりはじめた諸民族固有の神々を拒絶しなかった。自分たちが帰依するわけではなかったが、帰依する人が礼拝堂や神殿を建てることは許容したのだ。帝国の首都となったローマには数多くの他国人が住みつくようになったが、当然のことながら彼らは自分たちの宗教もたずさえてくる。紀元前後の一世紀くらい、つまりカエサルとアウグストゥスの時代くらい、ローマ人の宗教観が開放的であった時代はなかったのではないかと思う。エジプト宗教もユダヤ教も、ローマでは完全な信教の自由を謳歌していた。それも、宗教の守備範囲を守っていて、皇帝の守備範囲にまでは侵略しようとはしなかったからである。

ティベリウスも、この宗教観ならば、前任の二者同様に合理主義者であった。テヴエレ河が氾濫し、公共建造物が集中する都心部が水びたしになったときの話である。あわてた元老院は、シビラの神託書を開いて神々におうかがいを求めることを採決した。だがティベリウスは、洪水対策は人間の仕事である、と言ってその提案を拒否し、対策のための委員会設置のほうを求めたのである。ローマ人の宗教に対してさえ、ティベリウスは合理主義で一貫してきたのだ。だが、それゆえにこそ、宗教が政治の分野を侵すような場合は許さなかった。

ある年、テヴェレ河の西岸に住むユダヤ人のコミュニティーの行動が、ティベリウスの考え方からすれば、政治分野への侵略とされたことがある。皇帝ティベリウスは暫定措置令を発し、ローマ在住のユダヤ人の若者四千人を、山賊警備の役を与えてサルデーニャ島に送り出し、その他のユダヤ人もイタリア本国から追放にしてしまった。とはいえ、暫定措置令を法制化するには元老院の議決が必要だが、それは求めていない。一時的な処置で止めておくつもりであったのだろう。実際、数年後にはユダヤ人は、再びローマでユダヤ・コミュニティーをつくっている。また、ユダヤ人のイタリア追放当時でも、本国以外の地に住むユダヤ人に対しては、先帝アウグストゥスの定めたやり方を踏襲しつづけた。ユダヤ教徒ならば毎年収入の一部をイェルサレムの神殿に奉納する義務があったが、それも禁じていない。ユダヤ教徒はローマ軍下での兵役から排除されていたが、それとて、兵役に就けば最高司令官である皇帝への忠誠を誓わなければならず、唯一神であるユダヤの神への忠誠の誓いを破ることになるという、彼らの言い分が認められた結果なのである。ゆえに、ユダヤ教を捨てたユダヤ人の兵役をはじめとするローマの公職への就職は完全に認められていたし、ティベリウス時代でも、エジプトの長官にまで出世したユダヤ人が存在したのであった。

また、社会不安の要因になるとしてイタリアから追放されたのは、ユダヤ教徒ばかりではない。同じ時期、エジプトのイシス教徒も追放されている。こちらのほうは、寄進という名目で信徒に金を払わせるやり方が常識を越えていると判断されたからであった。寄進しすぎて家族から告訴される例が続出したのである。同じ種類の非難を浴びた人々には、占星術師もいた。だが彼らは、以後は占いの報酬を受けとらないと誓言して、追放を免れたのである。

つまりティベリウスは、いかなる宗教でも信ずることは自由だが、それをすることによって信じていない人々まで巻きこむのは嫌ったのだ。このティベリウスは、ユダヤの地にかぎらずオリエント一帯に根づいたユダヤ人のコミュニティーが、ユダヤ人の間ではユダヤ的な裁きがあるとする彼らの要望を容れて、その内部にかぎるとしても司法権まで認めている。種々の宗教をもつローマ帝国内のすべての民族が、「皇帝のものは皇帝に、神のものは神に」で徹底してくれるのであったら、最も喜ぶのは、ごく少数の例外はあるにしても、ローマの皇帝たちではなかったかと思う。

災害対策

紀元二二年、ティベリウスは元老院に、ドゥルーススに「護民官特権」を与えるよう求めた。元老院あてに送られた書簡には、その理由を次のように列記している。まず、ドゥルーススの能力を、これが実の父の観察かと疑われるほどの客観性で記述し、結婚生活も順調に行っており三人の子の父であると記し、自分がアウグストゥスからこの大権を授与された年齢と同じ年齢に達していること、また、八年にわたる辺境防衛の司令官としての経験、凱旋式挙行の栄誉、二度にわたる執政官の経験等からも、順当であって急いだ決断ではないとも述べている。そして最後は、もしも元老院がこれに賛同してくれるならば、「護民官特権」を与えられたドゥルーススが、帝国統治上での自分の苦労のいくらかを肩代わりしてくれるであろうと結んでいる。

元老院も異議はなかった。六十三歳になっていたティベリウスは、こうして、政局安定策としてもよい後継者指名を実現できたことになる。ドゥルーススはその年、三十四歳を迎えていた。

それにしても、と考えてしまう。皇帝に就任するにも元老院の承認が必要であるだけでなく、皇帝の後継者選びにも元老院の承認がないと実現不可、皇帝勅令でさえも暫定措置法でしかなく、恒久的な政策にしたいと思えば、これまた元老院の議決を必要とし、それがなければ法制化も不可というのが、アウグストゥスの創設したローマの帝政であった。ローマの皇帝とは、支那の皇帝を思い起こしていては理解不可能な存在なのである。ペルシアなどのオリエントの君主政ともちがう。ローマ的、という形容詞をつけるしかない皇帝なのであった。

こうなると、元老院との関係をどのように機能させるかは、大変に重要な問題になってくる。アウグストゥスも苦労したが、ティベリウスも放置は許されなかった。

元老院の議員定数は六百人である。公務で帝国全域に散っている議員は多かったとしても、四百から五百の議員が討議を重ねた末にようやく議決になる。結論が出るのに長期間を要することもしばしばだった。これでは、緊急に手を打たねばならないような場合は、機能停止と同じことになる。それでティベリウスは、委員会方式を考えついたのであった。元老院議員の中の五人ないし十人で対策委員会が設置され、皇帝の提案をそこで協議し、ただちに結論を下すのである。また彼らには、決めるだけでなく現地にとび、実行に移す任務も課されていた。地震や火災等の災害対策では、このシステムは見事に機能した。

紀元一七年、小アジアの南西部を大地震が襲ったことがある。激震の後は火災で、この地方の都市サルディス、マグネシア、フィラデルフィアは壊滅状態。エフェソスまでが余震の被害をまぬがれなかった。ローマ帝国内では、「アジア属州」と呼ばれ、元老院の管轄(かんかつ)下の属州である。常ならば元老院での討議を経て対策が決まるところだが、ことは急を要した。

報告を受けるやいなや、ティベリウスは対策委員会の設立を求めた。そして設立成った委員会に、彼の考える対策を提出し、採決を求めたのである。

一、緊急援助とインフラ設備の再建に、一億セステルティウスの国庫からの支出

二、被災者には、五年間にわたっての属州税免除

一億セステルティウスの価値だが、ローマ帝国の防衛を担当する全将兵への、一年間の給料の二分の一にもあたる額である。そして属州税は、現代風に考えれば国税と地方税のことであった。

つまり、ティベリウスの災害対策とは、緊急に必要とする援助と社会資本の再建は、国が考える。ただし、五年の間の税金は免除するから、個々人の再興は自助努力で成せ、であったのだ。

このティベリウスの被災地対策は、一時のことで終りにはならなかった。以後のローマの皇帝たちも、天災に見舞われるたびにこのときと同様の策で対応するようになる。そして当然のことだが、緊急援助の金額と属州税免除の期間は、被害の程度によって決められた。それでも、免税期間が三年以内であったことはなかった。ティベリウス方式がモデルになりえたのは、紀元一七年当時の小アジア南西部の再建の成果がいちじるしかったからで、サルディスの街にいたっては三年間で再興され、属州税支払いも再開可能と伝えてきたほどである。

息子の死

しかし、小アジアの被災地も確実に再建に向い、北アフリカの砂漠の民撃退も軌道に乗り、それ以外でも国内国外ともにさしたる問題もなく順調に進んでいたと思われた紀元二三年、ティベリウスを予期しなかった不幸が襲ったのである。それは、後継者として公認されたばかりのドゥルーススの急死だった。六十四歳の父にとって三十五歳の息子の死はどれほどの打撃であったかは想像も容易だが、皇帝として考えれば、次期皇帝に予定していた人の死である。葬式を出して終る問題ではなかった。病気一つしない健康を誇っていたにせよ、ティベリウスも、ローマ人が老年のはじまりと考える六十歳は四年も前に越えていたのである。

元老院議員を前にしてティベリウスは、息子を失ったばかりの父親とは思えない、いつもの厳格で冷徹な態度で、ゲルマニクスの遺子二人のことを頼んだ。十七歳のネロ・カエサルと十六歳のドゥルースス・カエサルを、元老院全体が父親になったつもりで保護してほしいと頼んだのである。

ローマ帝国はアウグストゥスの血筋を引く者によって引きつがれるべきと信じていた人々にとっては、〝大政奉還〟も間近と思えたことだろう。そう思った人の第一は、アウグストゥスの孫娘であり、ゲルマニクスの未亡人であり、ネロ・カエサルとドゥルースス・カエサルの母親であるアグリッピーナだった。

賢明な女であったならば、ドゥルーススが生きていた頃よりもさらに、行動には慎重を期していただろう。ティベリウスの年齢を考えても、息子に皇位がめぐってくるのはもはや時間の問題であったのだから、静かに待っていればよかったのである。だが、アグリッピーナは、これとは反対に行動した。

以前は取り巻きの女たちを扇動しての反ティベリウス派結成にとどまっていたのが、その輪を男たちにも広げはじめたのである。亡きゲルマニクスに心酔していた男たちまで巻きこむようになれば、それはもう「ゲルマニクス神話」に結びつけるということだった。ティベリウスの実子のドゥルーススが後継者街道を驀進していた当時は、またもや皇帝をティベリウス一派に横取りされたという憎悪がアグリッピーナを支配していたのだが、ドゥルーススが死んだとたんに、従来の憎悪に高慢がプラスしたのだ。ティベリウスにはもはやカードがない、との想いが、アグリッピーナを以前にも増して高慢にした。

それでもまだ、この時期のアグリッピーナにはブレーキ役がいた。住まうところは別でも同じパラティーノの丘に住んでいた、リヴィアの存在である。神君アウグストゥスの未亡人で国母の称号も与えられていたリヴィアは、高齢にもかかわらず、いまだ皇帝一家の内では隠然たる影響力をもっていた。アグリッピーナにとっては、亡き夫の実の祖母であり、憎きティベリウスの実母でもあった。現代では多くの研究者も推測するこの時期にはじまった「アグリッピーナ党派」の形成も、ティベリウスを倒して自分の息子を皇位に就ける、というよりも、ティベリウスの後にその位に就く自分の息子の周囲を固める、ということを表面に出さざるをえなかったのである。
しかし、ティベリウスにしてみれば、義理の嫁のこの行動はどう映ったであろう。自分の死だけを待っている、と思ったのではないか。しかも、六十四歳の皇帝は、息子を失った同じ年の末、四歳になっていた双生児の孫の一人も失うことになる。それでもティベリウスは、皇帝の責務から、その一部にしても免れることは許されなかった。なにしろ、一部にしろ肩代わりしてもらえそうだった人に死なれてしまったからだ。また、仕事に没頭していれば、私的な不幸も個人的な不快感も忘れることができたのかもしれない。息子の死の後のティベリウスは、帝国の最高責任者としてならば、以前よりも多忙で充実した時期を送ることになるのである。

安全保障 〈羅〉セクリタス、〈英〉セキュリティー)

ローマ人がはじめて、街道をつくったのではない。しかし、街道は一本でなく街道網として構成すれば、その機能もより高まることを考え実行したのはローマ人である。ローマ人がはじめて、法律をつくったのでもなかった。だが、法律も、多岐にわたる法律体系にしてこそ法治国家として機能しうると考え、それを実行した最初の民族はローマ人である。そしてこの二事に共通しているのは、必要に応じて〝メンテナンス〟をほどこさないと機能の低下は避けられないという、人間世界の現実であった。法律面での〝メンテナンス〟とは、現状に即して改めることである。法体系の創始者としてならば誰もが認めるローマ人だが、法律を彼らは、いったん定めた以上は何が何でも護（まも）り抜くべきものとは考えなかった。それよりも、街道と同じように、必要に応じて〝修理修復〟すべきものと考えていたのである。この考え方は、法律の結果である各種のシステムに対しても適用された。つまり、システムとはそれが何であろうと現状に適応するように〝修理修復〟さるべきものであり、それを怠ればシステム自体に疲労をもたらし、ついには崩壊するという、長期的に見れば大変に非経済的なことに終ることを知っていたのだ。機能性の不断の追求は、持てる力の効率的な活用の巧みさによって、はじめて可能になる。この考え方は、「持てる力」ならばローマに劣らなかったカルタゴやギリシアに勝ち抜いてきた、ローマ人の「哲学」のようなものであった。このローマ人の考え方からすれば、たとえ神君アウグストゥスの構築したシステムでも金科玉条ではなかったのだ。アウグストゥスが遺（のこ）したシステムであっても、残すべきところは残しつつ改めるべきところは改めるというやり方は、アウグストゥスの政治を継承することとは少しも矛盾しない。なぜなら、必要に応じての手直しをほどこしてこそ、構築した当の人の意図の永続に通ずるからである。そして、時折の「手直し」をしさえすれば機能性の維持は可能というシステムを構築したことほど、構築した当の人の名誉になることもないのだった。なぜならそれは、基本型がしっかり出来ていたという証拠であるからだ。この面でのアウグストゥスの才能は、やはり特筆に値したとするしかない。

　しかし、メンテナンスならば誰がやっても同じ、というわけではない。どこをどう手直しすれば、システムを保持しつつその機能性も維持できるかを理解できる能力と、それを実行できる決断力が必要だ。この面でのティベリウスは、事実上はカエサルからはじまったローマ帝政の三番手を務めるに、まことに適した人材であったとは、現代の研究者の間ではほぼ定着した意見になっている。そして、この種の「手直し」の好例が、パクス・ロマーナ（ローマによる平和）維持を目的にした防衛システムの手直しだった。

　ティベリウスは、紀元九年以降にアウグストゥスが定めた帝国の防衛力の基本型は、まったく変えていない。二十五個軍団十五万のローマ市民兵による主戦力と、十五万に少し欠ける属州民からなる補助兵（アウジリアリス）を加えた計三十万で帝国の安全を保障するという基本型は、これが紀元一世紀当時の人的・経済的限界と考えたのか、少しも変えていない。また、第Ⅵ巻『パクス・ロマーナ』の二〇三頁（文庫版第15巻一〇五～七頁）に記した軍団の分布状態ですら、十四年が過ぎた紀元二三年当時の手直しでも変えなかったのだ。ティベリウスが変えたのは、いくつかの前線で、とくにライン河とドナウ河を防衛線とする前線を守る軍団の役割であった。

ライン河前線では、上流部を守る高地ゲルマニアの四個軍団と下流部担当の低地ゲルマニアの四個軍団の計八個軍団の任務は、もはやアウグストゥス時代のような、ゲルマニアの地を征服しエルベ河にまで覇権を拡張することにはなかった。ライン河の防衛線死守が、主たる任務になったのである。八個軍団と軍団数を変えていないのは、「ゲルマニア軍団」という名称でも、後背地のガリアに無言の圧力をかける任務もあったからだろう。広大なガリア全土の安定維持に、ローマは、リヨンに一千兵を常駐させていただけである。まったく、エルベ河をあきらめてライン河にもどったのは、ガリアのローマ化の定着という視点だけから見ても賢明な選択だった。八個軍団すべてがエルベ河に張りつけという状態にでもなっていたならば、いざという事態にガリアに出動するにも時間がかかりすぎるからである。

ドナウ河の南一帯の防衛に七個軍団を配するというのも、ティベリウスは変えていない。だが、この前線は、ライン河前線よりは事情はよほど複雑だった。
ライン河前線のほうは、ここを帝国の防衛線とすると決めたカエサルが、ライン河までの全地域の覇権確立を完了してくれていたから、それを堅持するだけでよかったのである。しかし、ドナウ河前線は、ここを帝国の防衛線とすると最初に考えた人であるカエサルは、それに手もつけないうちに殺されていたので、実際にはじめたのはアウグストゥス時代に入ってからである。アウグストゥス自身は軍団を率いて前線で闘う型の人ではなかったので、その代わりを務めたのがアグリッパであり、アグリッパの死後はティベリウスだった。この二人とて抜群の武将だが、カエサルのような天才ではない。結果として、ドナウ河防衛線の確立は山脈一つ、その次は河一つ、という速度になり、それをはじめた時点から数えれば百年もの歳月を要することになったのである。
ドイツの歴史家モムゼンは、紀元一世紀当時のローマにとってのドナウ河とは、「政治的国境」であって「軍事的国境」ではなかった、と書いている。つまり、ドナウ河を防衛線と決めただけで、そこに至る全地域の覇権確立は未完了であったということだ。そしてモムゼンは、当時のドナウ河はアウグストゥス時代のエルベ河のようなものだった、とも書いている。地図上の国境線にすぎなかったのである。ドナウ河沿いのウィーンやブダペストにローマ軍の姿が現れるようになるのは、ティベリウス時代から後のことになるのである。

しかし、ローマ史研究者にはあまりにも当り前のことなのでモムゼンもわざわざ書く必要もなかったのだと思うが、ローマ人にとってのドナウ河とエルベ河は、一つのことならば完全にちがった。ローマはエルベは捨てたが、ドナウは絶対に捨てなかったからである。ゆっくりした速度でも、ローマは確実に、ドナウ河防衛線の確立に向って進んでいた。そのあたりの事情は、ティベリウスによる防衛システムの「手直し」にもよく示されている。

アルプスに発し黒海に流れこむ大河ドナウの南一帯を、ローマ人は次のように分割している。上流から下流に向けて、ラエティア、ノリクム、パンノニア、ダルマティア、モエシア、トラキアと分けたのだ。ティベリウスの成すべき役割は、この全域の防衛、というよりこの地方ではいまだ、覇権確立にあった。ゆえに、そこに投ずる七個軍団をどこにどう配置するかは、戦役の進め方に深くかかわる問題であった。

まずドナウの最上流地帯のラエティア属州だが、この地方はティベリウス自身の軍事行動の成果もあって、山岳地帯はすでにローマ下に入っており、そこからドナウ河

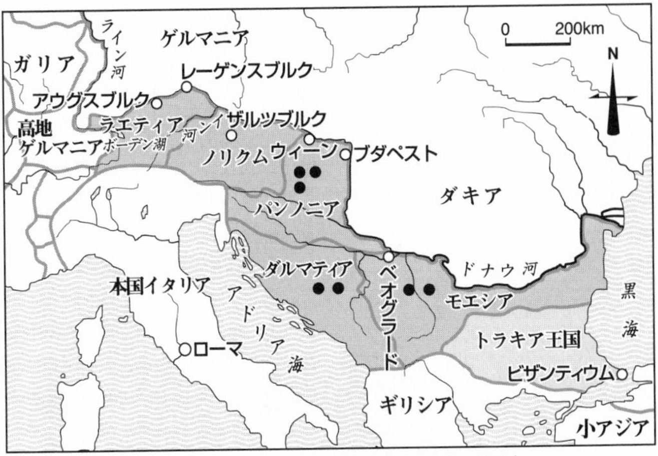

ドナウ河とその流域（●は軍団の配置数を示す）

に至る平野部でも、ボーデン湖もアウグスブルクもローマ下にある。ドナウ沿岸のレーゲンスブルクはいまだ軍団基地化してはいなかったが、この地方でのローマの覇権は、すでにドナウに達していると見て誤りではなかった。ティベリウスはこの属州に、一個軍団も配置していない。何かが起これば、そのすぐ北西に駐屯するライン河上流守備軍団を急派できる距離にあったからである。

ドナウに流れこむイン河を境にその東に位置するノリクム属州にも、一個軍団すら配置していない。この地方も、ザルツブルクがすでにローマ下に入っていたことが示すように、最も困難なアルプスの山岳地帯の制覇は終っており、ローマによる制覇は、ドナウ河を目前にするまでになっていた。私の想像では、ラエティアとノリクムの制覇完了をティベリウスは、ライン河を堅持するだけが仕事となった「高地ゲルマニア軍」に課していたのではないかと思う。

そしてその下流の、制覇完了ともなればウィーン、ブダペストまでローマ下に入ることになるパンノニア属州に、ティベリウスは三個軍団を配しているのである。それは、さしたる山もないこの一帯が、完全にはローマの覇権下に入っていなかったことの証拠だ。ここでのローマ軍の任務は、防衛よりも攻撃にあった。事実、七個軍団中でも最強の三個軍団が、このパンノニアに集中している。

そして、パンノニアの南に位置し、ドナウ河とは接していないダルマティア属州なのに、ティベリウスはそこに二個軍団を配置している。それは、この地方の平和の維持が、アドリア海をへだてるだけの本国イタリアの安全の維持に、密接に関係しているからであった。だが、それに加えて、必要となればすぐ北のパンノニアにいる軍団の支援に使えるという用途もあったのである。

ドナウ中流部のモエシア属州には、二個軍団が配置された。この地方での覇権確立はまだ遅れており、ドナウ河に向って攻勢をかけるよりも、ドナウを越えて侵入してくる蛮族から南にあるギリシアを守る役目のほうが、今のところは強い。「覇権者」

をつづけるのも大変なのである。覇権下に入った人々を守ってこそ、「覇権者」でありつづける権利をもつのだから。

ドナウ最下流部には、その当時はまだトラキア王国が健在だった。ティベリウスはこのトラキアを、オリエントでのアルメニアのような形で遇している。事実上はローマの属国でも形式上は独立国のこの国に、ドナウ下流の防衛をゆだねることができるように、と考えたからだろう。

そして、すでに述べたように、ティベリウスは、ドナウ河の北に住むいくつかの部族とも友好関係を確立する政略(ストラテジア)を採用した。ドナウの北にも味方をもつことによって、いまだ完了には至っていないドナウ河の南全域での覇権確立を、より早くより容易に実現しようと考えたのである。「分割し統治せよ」とは、敵味方ともに適用可能な政略であるのだから。

しかし、ティベリウスによるローマの軍事力の「見直し」は、軍団の配置決めのようなことのみでは終りはしなかった。

ローマの一個軍団とは、第Ⅵ巻の一九八頁（文庫版第15巻一〇二頁）でも示したように、軍団長から一兵卒に至るまで、それに技師や医師から経理係までを加えての約六千人が定員の、独立した一組織として構成されている。ユリウス・カエサルはしばしば、退役兵を植民として新開地に送りこむ際、一個軍団を丸ごと植民させたが、共同体として機能するに必要な人間はすべてそろえているのが、ローマの軍団なのであった。そしてカエサルは、老齢や戦死や重傷で欠員が出た場合でも補充しなかったが、それは彼の目的が攻撃にあったからである。攻勢をもっぱらとする軍事上の組織は、同質性であるほうがよい。しかし、ティベリウスが目的としなければならないのは、防衛であった。防衛ならば、質も重要だが量も重要だ。なぜなら、パルティア王国を除けば、帝政になって以後のローマの敵は、量でもって攻勢をかけてくる蛮族たちであったからである。

ティベリウスのやったことの第一は、欠員の補充の徹底であった。二十五個軍団の一つ一つが、防衛目的に対して最大限に機能できる、独立した一組織でなければならなかった。といって、欠員さえ補充できればよいというわけではない。質の維持も、忘れるわけにはいかない。社会のドロップアウトに入隊されでもしては、軍団内の統一を乱される危険があった。

それに、満期除隊を夢見ない兵士はいない。ティベリウスは、二十年の兵役を終えた兵士にはただちに除隊を許し、退職金も規定どおりに支払うことを徹底させたのである。剣闘士試合のスポンサーもやらないケチと不評だったティベリウスだが、このようなことには金を惜しまなかった。

そして、ローマの軍事力では欠くことのできない、補助兵(アウジリアリス)の充実も忘れるわけにはいかない。軍事上の成果は、主戦力と非主戦力の使い分けによって決まるからである。しかし、自分と同じローマ市民で成る軍団を率いる軍団長にしてみれば、属州民の補助兵は何かと使いにくい。とくに、ゲルマン民族を敵としなければならないライン河防衛線の諸軍団の補助隊は、ライン河の西に住みついて長いとはいえ民族は同じゲルマン人なのであった。また、補助部隊(アウジリアリス)は定員が定まっていなかったので、ついつい少なく押さえる傾向が強くなっていた。

ティベリウスは、補助兵の定数も決めたのである。軍団兵と同数。ただし、絶対に軍団兵の数を越えないこと。もちろん、満期まで務めた補助兵へのローマ市民権授与も、アウグストゥス時代と変りなくつづける。そしてティベリウスは、「軍団兵(レジョナリス)」「補助兵(アウジリアリス)」ともにこれまでの彼らの不満の原因が、満期除隊が守られなかったことの他は土木工事にあったことを知っていた。わかってはいたが、制覇した地に橋や街道を敷設(ふせつ)する工事は、制覇した当事者、つまり兵士が行うのがローマの伝統だ。そうなれば選べる方法は、過重な労役は課さない、ことにしかなかった。史実としては残っていないが、彼はそれをしたのだと思う。なぜなら、現代の南ドイツ、オーストリア、スロヴェニア、クロアツィア、ボスニアを網羅するローマ街道網は彼の治世時代に成されたものが多く、それでいて、これを不満としての兵士の〝ストライキ〟は二度と起こっていない。

そして、このときのティベリウスによる「手直し」で、ここまでのすべてのことの実施責任者は軍団長と決まった。ティベリウスは、各自の責任分担方式の徹底によってしか、広大なローマ帝国の運営は不可能と考えていたからである。

責任分担方式を採用すれば、当然のことながら、任務を託す人の人選が重要な問題になってくる。この面でのティベリウスは、ティベリウス嫌いで徹した歴史家タキトゥスでも、次のように書くしかなかった。

「いかなる皇帝でも、彼ほどに巧妙な人事を成しえた皇帝はいなかった」

ティベリウスが、適材適所と能力主義を貫いたからである。軍団長には軍事能力、行政官には行政能力、他国との交渉も任務に入る属州総督には、名門出身であることが有利になる場合も考えての共和政時代からの名門貴族を登用するという具合で、選抜の基準はさまざまだったが、適材適所と能力尊重では一貫していた。属州出身のローマ市民であっても、それが不利にはならなかった。社会不安の源になるとして一時期にせよ本国イタリアから追放したユダヤ人なのに、適材と思えばエジプトの長官に任命している。総督や軍団長クラスとなると、能力第一主義傾向はとくにいちじるしい。ティベリウスの後にカリグラ、クラウディウス、ネロと皇帝がつづくが、彼らの能力の如何にかかわらず、軍事と属州統治の担当者に優秀な人材が集まっていたのには驚かされるが、それもティベリウスによって抜擢された人物か、その人物の息子たちなのである。また、帝国全体に、能力さえあればそれを発揮する場が与えられるとの確信を植えつけた功績も大きかった。組織とはいかに良くつくられていても、それを機能させるのはやはり人間なのである。

これらすべてのことをティベリウスは、息子ドゥルーススの死の前にやったと、タキトゥスは書く。息子の死の後のティベリウスは、政務を投げてしまい、側近のセイアヌスに一任してしまったとするのである。

だが、まずもって、息子の死の前にすべてを終えていたことを立証する史実は存在しない。そして第二に、「改革」よりも「手直し」とするほうが妥当と思われるようなことであろうと、定めただけでは充分でなく、定めたことがどう実施されているかを監視し、その成行きしだいではさらなる「手直し」を加える必要がある。そこまでやってはじめて、成果を期待できるのである。そこまでするには、一年間では不充分だ。ティベリウスのローマ帰都と息子の死までの期間は、たったの一年なのである。また、タキトゥスには、誇り高い人間とはどういうものかがわかっていない。

誇り高い人とは、何よりもまず自分自身に厳しい人である。自らを厳しく律する人間は、一人息子の死であろうと、悲哀に負けることだけは絶対に許さない。悲嘆にくれ、仕事を放り出すようなことは普通の人のやることであり、普通の人とは思っていない人間には、死んでもやれないことなのである。おそらく、最も大きな哀しみに襲われた時期こそ、自分にしかできない任務に没頭したことだろう。それしか、誇りを保つ道はないからだ。そして、普通の人ならば悲しみを克服して仕事に復帰する時期になって、誇り高き人ははじめて、深く重い疲労感をおぼえるのではないだろうか。タキトゥス自らが、息子ドゥルーススの死から二年が経った後の、紀元二五年の元老院でのティベリウスの言葉を紹介している。それは、ティベリウスの業績を讃え、彼に捧げる神殿を建てたいとの提案に対して、ティベリウスが断わった際の言葉である。

「わたし自身は、死すべき運命にある人間の一人にすぎない。そのわたしが成す仕事もまた、人間にできる仕事である。あなた方がわたしに与えた高い地位に恥じないように努めるだけでも、すでに大変な激務になる。

このわたしを後世は、どのように裁くであろうか。わたしの成したことが、わが祖先の名に恥じなかったか、あなた方元老院議員の立場を守るに役立ったか、帝国の平和の維持に貢献できたか、そして国益のためならば不評にさえも負けないで成したことも、評価してくれるであろうか。

もしも評価されるのならば、それこそがわたしにとっての神殿である。それこそが、最も美しく永遠に人々の心に残る彫像である。他のことは、それが大理石に彫られたものであっても、もしも後世の人々の評価が悪ければ、墓所を建てるよりも意味のない記念物にすぎなくなる。わたしの望みは、神々がこのわたしに生命のあるかぎり、精神の平静とともに、人間の法を理解する能力を与えつづけてくれることのみである」

これが、二年前の息子の死で落ちこみ、政務を投げてしまった人の言葉であろうか。死すべき運命の人間でもやれることはやるという、宣言ではないだろうか。現代の研究者の一人は、次のラテン語の格言くらい、皇帝ティベリウスにふさわしい句もないのではないかと言っている。

「FATA REGUNT ORBEM ! CERTA STANT OMNIA LEGE」(不確かなことは、運命の支配する領域。確かなことは、法という人間の技の管轄(かんかつ))

これより二千年後の現代に生きるわれわれならば、このときのティベリウスの想いに共鳴する人のほうが多いのではないかと思う。ところが、ティベリウスの発言を直接に聴いた元老院議員たちの間では、これが不評であったのだ。死すべき運命にある一人間に徹するとしたティベリウスを、一部の議員たちは謙遜と評した。他の一部は、自分に自信がない証拠だと評した。残りの議員たちは、ティベリウスの精神の下劣性を示すものだと評したのである。そして皆はいちように言った。人間でも最上の部類に属す人ならば、より高きに達することを常に望むものであり、先帝アウグストゥスのほうが、この点でも上であったと言い合ったのであった。タキトゥス自身のコメントならば、次のとおりである。

「最高権力者ともなれば、すでにして多くの特典を享受しているものだが、ある一つのことだけは死ぬまで追求しつづけねばならない。それは、自分自身の良き想い出を遺すことである。名声を軽蔑する者は、徳を軽蔑する者になる」

古代と現代のリーダーのちがいというよりも、古今東西の別なく、リーダーであることのむずかしさを考えさせずにはおかない一句である。しかし、死すべき運命にある一個の人間としてやれることはやると考えたティベリウスの帝国統治は、タキトゥスですら認めたほどに順調に進んでいたのであった。

　国境は、手直し成った各軍団によって完璧(かんぺき)に守られていた。人々が何よりも望むのは、敵の襲来におびえないですむ安心感なのである。また、「平和(パクス)」とは、国境の安全のみを意味しない。外敵を怖(おそ)れないですむ地域に住む人々にとってさえ最も身近な関心事は、家から一歩外に出ても、強盗やかっぱらいを心配しなくてもすむことである。この面でもティベリウスの地方自治体にまでおよんだ施策は、公衆の安全を第一とすることで一貫していた。アウトローへの処罰は徹底していたのだ。

　そして、善政の最上の計器は税金である。新税は、いっさい課されなかった。従来の税金も、税率はまったく引きあげられていない。そのうえ、徴税業務の公正維持に反する者には厳罰をもって対した。税金は低く押さえられているかぎりはたいていの人はきちんと払うもので、徴税業務を民間の請負人に依託する方式を採用していた帝政ローマでは、徴税の公正を期すには、脱税よりも徴税のしすぎのほうを警戒する必要があったのである。

　しかし、このティベリウスも、いったん自分の家にもどれば、こちらのほうは運命の神の支配下にあるのかと思ってしまうくらいの状態と、顔つき合わせねばならなかったのであった。

家族との関係

これから述べるエピソードはすべて、紀元二六年に起ったことであったとタキトゥスは書いている。

その第一は、ドミティアス・アフロという人物が、ティベリウスの出身家門でもあるクラウディウス一門に属すクラウディア・プルクルスという名の女を、姦通罪で告発したのが発端になった。アウグストゥスが定めた法律によって、帝政ローマでは、姦通は追放刑に値する犯罪とされていたのである。それゆえこれだけならば普通の裁判事件にすぎなかったのだが、クラウディアがアグリッピーナのいとこに当り、しかも取りまきの女の一人であったのがアグリッピーナの怒りを買った。アグリッピーナにしてみれば、これこそ裏で工作したティベリウスによる、彼女への嫌がらせ以外の何ものでもなかったのである。ティベリウスのもとに駆けつけたアグリッピーナは、溜まっていた不満と憎悪をぶちまけた。

ティベリウスはそのとき、神君アウグストゥスの霊に捧げた祭壇の前に額ずいていたのだが、アグリッピーナは、それが終るのさえ待たなかった。

「神君アウグストゥスの霊に犠牲を捧げながら、神君の親族は追いまわすのか！　あなたが敬う像には、亡きアウグストゥスの聖なる魂など少しもこもっていない。神君アウグストゥスの聖なる魂を今に伝えるのは、このような神像ではなくて生身のこのわたし。神君の尊き血を引いている、このわたし一人です！　そのわたしが、危険を感じ、こうして喪服をつけている。なぜなら、クラウディアへの告発は、このわたしへの次なる攻撃のはじまりにすぎない。彼女に罪があるとすれば、それはわたしへの忠実にしかなかったのだから」

祭壇の前から立ちあがったティベリウスは、日頃のうっぷんを爆発させる想いで言葉が止まらなくなってしまったアグリッピーナの腕を強くつかみ、召使にはわからないギリシア語で低く言った。

「おまえの怒りの真因は、統治を許されていないことにある」

クラウディア・プルクルスと姦通の相手であったフルニウスの二人には、有罪の判決がくだった。もちろんこれで、アグリッピーナの怒りはさらに燃えあがることになった。

二番目のエピソードは、この事件からしばらくが過ぎた頃に起こった。病に伏したアグリッピーナを、ティベリウスが見舞ったのである。病床からアグリッピーナは、彼女自身も属すカエサル家の家長であるティベリウスに、涙を流しながら訴えた。
「あなたもわたしの孤独に同情して、わたしに夫を与えてほしい。年齢だって、いまだ女盛りは過ぎたわけでもない。貞節な女にとっての唯一のなぐさめは、正式な結婚しかないのです。この広いローマに、ゲルマニクスの妻と子供たちを迎え入れるのを、名誉と考える男がいないはずはない」

ティベリウスは、それには一言も答えずに背を向けて部屋を出て行った。タキトゥスでさえ、次のようにコメントしている。アグリッピーナの再婚は、単なる一女人の再婚ではなく、帝国統治の後継者問題につながらざるをえない問題なのであった、と。

エピソードの三番目は、家族だけの夕食の席で起こった。

その夜のアグリッピーナは、席には連なっていても終始無言で、料理にも手をつけようとさえしなかった。それに気づいたティベリウスは、皿の上から果物を一つ取り、新鮮だから食べてはどうかと言って、アグリッピーナに差し出した。アグリッピーナは手には取ったが、それを口にしようとはせずにそのまま召使に渡した。ティベリウスは、嫁には一言も言わなかったが、母のリヴィアに向ってはこう言ったのである。
「わたしが毒殺しようとしていると、怖れているのです。わたしが彼女に冷たく接したとて、これでは不思議でもないでしょう」

これらの家庭内のエピソードをタキトゥスは、アグリッピーナの娘の一人で名も同じの、後にはカリグラ帝の妹になりクラウディウス帝の妻になり、最後にはネロ帝の母になるアグリッピーナが書いた回想録から採ったと書いている。それならばこれが、十歳の少女の見た皇帝一家の家庭内の雰囲気であったことになる。そして、七十歳も近くなっていたティベリウスにとって、家庭の外、と言っても彼の出身階級からすればやはり身内としたほうが妥当な元老院もまた、満足を与えてくれる場ではなかったのであった。

元老院との関係

強大な権力を与えられているという一点において、帝政時代のローマの皇帝と元老院の関係に近い存在を現代に求めるならば、アメリカ合衆国の大統領と、その大統領が属す党とは反対の党が過半数を占める議会と見るとわかりやすい。前者に比べれば後者には有権者の選挙による選出というちがいはあるが、あの時代からは二千年も過ぎている現代、この程度の進歩がなければ、ホモ・サピエンス・サピエンスとなっている人間としても言いわけが立たないというものである。アメリカでも大統領と議会の関係のあり方は、大統領の属す党と上・下院の過半数を占める党が同一でない場合はとくに問題になるが、それは古代ローマでも同じなのであった。

くり返すが、皇帝にも一存で政策を実施できるが、それはあくまでも皇帝通達とか皇帝勅令と呼ばれる暫定（ざんてい）措置のための法であって、ローマ人の言い方ならば「法律（レックス）」となる恒久政策に変えるには、名称は「元老院勧告（セナートウス・コンスルトウム）」であろうと元老院での議決を必要としたのである。

だが、元老院が皇帝提出の法案（政策）の単なる承認機関になってしまっては、「元老院勧告」という名にしても立法権ももっている以上、立法機関としては機能していないということになる。こうなっては、皇帝ないし「第一人者（プリンチェプス）」と元老院の間のバランス関係が崩れてしまう。選挙によらないがゆえに各界の有力者を網羅できるという利点をもっていたローマの元老院だけに、この均衡関係が崩れた場合の弊害は大きいのだった。国家の二大勢力の、正面きっての対決になってしまうからである。ちなみに、公式には元老院と並んで国家ローマの主権者であるローマの一般市民は、言ってみれば〝皇帝支持派〟であったと考えてよい。貧民救済のための小麦の無料配給は社会福祉であり、剣闘士試合の提供も選挙運動であったのだ。いずれも、皇帝による皇帝支持層の懐柔策でもあったのだから。ただし、人気取り政策だけでもなかったのは、財政の健全化のためには緊縮財政策を採ったティベリウスでさえ、剣闘士試合のスポンサーはやめても小麦の無料配給には手をふれていないことからも明らかだ。受給資格者の数さえも減らしていない。社会福祉であったことの証拠である。

しかし、「元老院体制」としてもよい元老院主導の国家運営のシステムが動脈硬化現象に陥ったことは、それを打倒したユリウス・カエサルの生れる三十年も前の、グラックス兄弟の時代からわかっていたことだった。カルタゴとの存亡を賭けた戦役の時代にはあれほども見事に機能した「元老院体制」も、成功者の陥りがちな硬直化を免れなかったのである。だが、最初にそれを糾弾したグラックス兄弟も、最終的にはそれを打倒したカエサルも、元老院の廃絶などは夢にも考えなかったであろう。元老院とは、ローマ人の歴史であり、伝統そのものであったからだ。単純化して考えれば、共和政時代のローマは元老院主導システムであり、帝政に変っても、皇帝主導システムに変ったというだけであって、元老院自体は存続しつづけたのである。

この、皇帝と元老院の実にローマ的に微妙な関係に、ユリウス・カエサルはどのように対処したのか。

彼は、ポンペイウスをかついだ元老院派に、武力で勝った勝者であった。そして、性格的にも、建前と本音の使い分けなどには気を遣わない男でもあった。最高権力者になって以後のカエサルは、次々と元老院（議会）に法案を提出し議決を求めたのである。敗者である元老院には、承認を与えることしかできなかった。だが、そのカエサルでも、皇帝主導になり過ぎるのには配慮したのか、友人の元老院議員たちの提出という形にして、つまり議員立法の形にして、元老院の議決を求めることはしたのである。知らぬまに法案の提出者にされた一人であるキケロは、後でそれを知って驚いたと書いている。

このカエサルを殺したのは、ブルータスをはじめとする元老院議員であった。暗殺者たちは、カエサルの実施する政策に反対であったのではない。「皇帝主導のシステム」を、以前の「元老院主導システム」にもどそうと考えたからである。この暗殺には一般市民は関与していなかった事実が、カエサル暗殺が、政策の是非を問うよりも、政体の是非を問う抗争であったことを示している。

カエサルの後を継いだアウグストゥスも、ブルータスを倒しアントニウスも破ったことで、元老院に対しては勝者であった。それでも、殺されたくなかったアウグストゥスは、元老院対策には配慮を忘れなかったのだ。とはいえ彼も、皇帝主導のシステムは変えなかった。しかし、若くして最高権力者になったアウグストゥスには、時間という最良の味方がいた。実に慎重に、時期を選び、反対しにくい形にし、ときには元老院が忘れてしまった頃を見計らっては法案を提出し、その承認を獲得している。アウグストゥスの治世くらい皇帝と元老院の関係が良好であった時代はないと言われるのも、元老院が進んで協力したからではなく、アウグストゥスの欺き(あざむ)の巧妙さによるのであった。

ティベリウスには、前任者二人のような武力による勝者という利点はなかった。また、前任者との血のつながりもなかった。そのうえ、名門でも傍流の出身であるカエサルや、たとえカエサル家の養子になっても生れは騎士階級のアウグストゥスのようなローマ社会のアウトサイダーではなく、クラウディウス一門という、元老院主導下のローマでは主流を占めつづけてきた家の出身である。このティベリウスの元老院に対する考えが、「第一人者(プリンチェプス)」と元老院は協力して国家ローマの運営を担当する、であったのも当然だろう。そしてティベリウスは、この考えを現実化するに際し、誠心誠意で当った。私の思うには、誠心誠意で当りすぎた、のである。

しかし、両雄並び立つとは、理想であって現実ではない。前任者二人のように元老院の統治者能力に幻想をいだかなければ、現実を知っても幻滅することはないが、ティベリウスの場合は、幻想ではないにしても、希望をもちすぎたのである。

元老院で会議が開かれる日には、ティベリウスは警護の兵も従えず取りまきも連れず、一人で来るのが常だった。坐(すわ)る席も、最前列ではあっても他の議員たちと同じ席で、執政官の議場入りには他の議員とともに立ち上って迎えた。議員たちには丁重な態度で接し、なるべく多くの国策決定を元老院と協力して定める態度を崩さないよう努めた。統治のはじめの頃には、軍団兵の満期除隊のような、軍の最高司令官である彼の管轄(かんかつ)事項についてさえ、元老院の承認を得てから実行に移したほどである。

元老院での討議が、自由に活発に成されることが自分の望みなのだと、何度となく公言している。誰かがお追従(ついしょう)じみた発言をすると、それには明らかに不快を示し、そのようなことよりも発言の本旨を述べるよう求めるのは、議長役の執政官ではなく彼だった。元老院議員にはとくに、「皇帝(インペラトール)」の呼びかけを禁じ、「第一人者(プリンチェプス)」と呼ぶよう求めたのはすでに述べたとおりである。

ただし、元老院議員に要請する場合でも反論する場合でも、ティベリウスの口調は常に厳格で、発言の内容には賛成でも発言の調子の厳しさは、それを聴く議員たちに冷水を浴びたような想いをさせずにはおかなかったのだ。ティベリウスに欠けていたのは、ユーモアの才能であった。反対派でさえ笑わせながら自分の考えどおりにことを運んでしまうカエサルのような才能は、ティベリウスにはなかったのである。そして、そのティベリウスの発言の調子が最も辛辣（しんらつ）に変るのは、議員たちが言を左右にし、国策決定機関であるはずの元老院の存在理由を忘れ、何もかもを彼に一任しようとする意図が見えたときであった。そのようなときのティベリウスは、まるで言葉の剣で彼らに斬（き）りつけでもするように、元老院の権威と責務の自覚を求めて容赦しなかった。カエサルやアウグストゥスならば、これ幸いと見過ごしていたであろうに。

元老院議員の六百人全員が、統治者能力を失っていたのではない。二十五歳が資格年齢の会計検査官（クワエストル）を務めた人ならば、三十歳に達すればほぼ自動的に元老院入りが許されていたから、ローマの元老院とは人材をプールしておく場でもあったのだ。しかし、広大な帝国の運営は、数多くの人材を常に必要としていた。そして、人材の抜擢（ばってき）と活用の才では、ティベリウスはタキトゥスまでが認める「目利（めき）き」であったのだ。またティベリウスは、適材適所と思えば、長年にわたって任地から動かさないこともやった。任期が一年と決まっていたのは、法務官や執政官のような中央政府の高官と、元老院属州に赴任する総督だけであった。

これでは、首都ローマの元老院議場で常に見られる顔の多くは、比較的にしても能力の劣る人になってしまうのも自然の勢いである。なにしろローマの元老院には、名門貴族を集めていた共和政時代の名残りで、実力はなくても出身家門ならば庶民でも知っている人々が残っていたのだ。実力で元老院入りを果した人々のほうは、ティベリウスに登用されて国境防衛に派遣される者が多く、ローマにいる期間といえば、旧任地から新任の地に派遣されるまでのわずかの間というのが実情であった。

それでもティベリウスは、既得権の享受（きょうじゅ）しか頭になく、安全で豊かな属州で総督を務めあげればそれでキャリアのゴールに達すると思っている議員の多い元老院を、積極的に国政に参加させる努力は怠らなかった。いや、あまりにも誠心誠意に努力したのだ。数百人が討議し合っていたのではいっこうに決まらないという欠陥も、委員会方式を考案して、議事の効率化をはかった。委員たちには、元老院議員がなるのである。

アウグストゥスがはじめた「第一人者（プリンチエプス）」主導のローマの政体を、帝政ではなく「元首政」であったとする歴史研究者は多い。ゆえに、皇帝ではなくて市民中の第一人者による統治政体であり、「第一人者」と元老院はまるで二本の足のように、協力し合って国政を担当するシステム、というわけである。元首政を厳密に考えるならば、右のようでなくてはならない。しかし私は、この意見には全面的には同意できないということは、アウグストゥスを描いた第Ⅵ巻（文庫版第14〜16巻）中で強調したとおりである。「第一人者システム」はアウグストゥスの隠れ蓑であって、彼の本音は、ローマ独自ではあっても帝政の創設であったと確信している。そう考える私だが、ティベリウスならば、はじめのうちは本心から「元首政」を信じていたのではないかと思っている。アウグストゥスのように建前ではなく、本心から元首政体の存在理由を信じ、そのために努力したのではないか、と。

しかし、元老院の現実は、彼の期待を裏切る一方であった。元老院議員が何を熱心に活発に議論し合ったのかを追っていけば、ティベリウスの失望も疲労感も理解できる気がする。一例だけをあげるにしても、次のような具合だ。議題は、任地には単身赴任であるべきか、それとも妻同伴を許されてしかるべきか、であった。

一人の議員が、軍務も兼ねる必要のある皇帝属州赴任の総督も、その必要はなく属州の統治だけが任務の元老院属州に赴任する総督も、任地への妻の同伴は禁ずるとした法案を提出したときのことである。提案者は、わが家では四十年にもわたる自分の海外勤務の間中、妻はローマの留守宅を守っていたにかかわらず、六人の子を成し夫婦仲もうまく行っているので、これは私的な理由でする提案ではないと言ってまず議員たちを笑わせた後で、法案の主旨を説明した。

かつては法によって任地への妻の同行を禁じていたのだが、それもあながち理由のないことではない。なぜなら、妻というものはしばしば、夫の仕事が平和時の統治ならばそれを贅沢（ぜいたく）の趣向で邪魔するものであり、反対に夫の任務が戦争である場合は、恐怖によって同じく邪魔しがちなものである。そのうえ、夫の配下にある兵士たちを、女本来の秩序蔑視（べっし）の性向によって無秩序が特色の蛮族（バルバリ）に変えてしまう。また、労苦を好まないのが女だが、それによって辺境防衛が任務のローマ兵たちを、それに伴う労苦を価値のないつまらないことであるように思わせることによって、弱体な兵士に変えてしまうのである。

それに女というものは、機会さえ与えられれば、残酷で策謀好きで権力好きなものである。司令官の妻であることを笠（かさ）にきて百人隊長をあごで使い、あろうことか軍事訓練まで観戦し、それに加えて軍事上のことにまで口をはさむ例があったのは周知の事実である。

また、軍事面での任務のない元老院属州でも、妻同伴による弊害の例にはこと欠かない。元老院属州の総督がしばしば帰任後に職権乱用による不正をしたとして告発されるが、この場合も総督夫人がからんだがゆえのものが多いのだ。属州民のほうも、属州でのビジネス・チャンスを提供するという形で、総督夫人につけ入る者も少なくない。属州統治に実際に当る者も、従う上司は総督のみでなく夫人にも従わねばならないというのが現状だ。おかげで総督夫人は、ますます尊大になり、ますます出しゃばりになるというわけである。

昔は、紀元前二一五年に制定されたオッピウス法やその他の法で、妻同伴が禁じられていたためにこの種の弊害もみられなかった。それが、二百五十年が過ぎた現在、辺境を除けば属州勤務も平和な任務に変わり、それがためか、総督にかぎらずその下の高位の官職者の夫人たちまでが夫の任地に同行するのが普通になっている。その結果として、属州の軍団基地でも総督が裁判長を務める司法の場でも、女たちが主人面(づら)をするのが現状になってしまったのである。

この提案は、元老院を常ならぬ活発な討論の場に一変させた。多くの議員は反対の立場をとったが、その中の一人は、反対の理由を次のように説明した。

二百五十年昔の厳格な慣習のすたれは、時代が変わりローマを取りまく情勢の変化に対応したものであるにすぎない。昔は戦闘にあけくれ、征服して属州化した地方でも住民の敵意を心配する必要があった。それが今では、平和が支配するように変ったのである。

とはいえ今でも、妻たちの必要に応じて与えられている権限は、家庭内では家庭破壊につながるほどではなく、また対外的にも、ローマ支配の協力者（属州民や同盟国の君主たちを指す）との関係を悪化させるほどでもない。

そして、人生の多くの事柄を、夫と妻は共有し合うものである。それは、戦時であろうと平時であろうと変りはない。

もちろんのこと、属州統治の弊害になるような言動は制御されてしかるべきである。しかし、苦労多き任務を終えて帰宅した夫を待つ妻の優しいなぐさめやはげましまで、法によって規制すべき問題であろうか。

とはいえ女の中には、野心に駆られ物欲に溺れる者がいるのもたしかだ。しかし、男たちとて全員が、この悪に無縁であろうか。それでも男たちは、人間の悪への誘惑の絶えない属州統治をまかされ、赴任していくのである。そして、この男たちが帰任後に不正で告発されでもすれば、世間はいちように、妻の悪影響の結果だと断定するのだ。ならば独身男は皆、全員が清廉潔白であったろうか。告発された前総督は、全員が妻帯者であったろうか。

われわれ男たちは職務への怠惰による責任を、妻たちに帰そうとしているのではないだろうか。もしも妻たちが夫の地位や権力に便乗しようとしたとしても、その責任は夫に帰すべきものであるからだ。「オッピウス法（レックス・オッピア）」は、当時の実情に即して成された法である。しかし、われわれのローマ法は、時代が経（た）つにつれて忘れ去られたり、より穏健に改められることが多かった。それは、時代の要請に応ずるのが法の役割だからである。そして、一人や二人の夫のコントロールが及ばなかったとして、法による規制を全員に及ぼさなくてはならないという必然性もない。

なにしろ女という存在はもともとからして、影響を受けやすい性（さが）である。虚栄心に駆られたり、他の女のもつ権勢や富にあこがれやすい性（さが）の持主なのだ。このような女とは、常に同居していてさえ、結婚生活を安定させるのは難事業である。それが長年にわたって離れて暮らすのを義務づけられようものなら、夫婦のつながりも薄れ離婚同然の仲になってしまいがちだ。これでは属州に赴任する夫のほうも、心は常に妻のいるローマに向けられるようになり、属州統治に専念すべき責務をおろそかにすることにつながりかねない。

この反対論には、議長役の執政官も与（くみ）した。公職に従事する者はいかに地位が高かろうと、遠い地方への公務の旅から逃れられない。神君アウグストゥスも幾度となく西方や東方に旅に出ざるをえなかったが、リヴィアは常に同行した。わたしの場合は軍務でイリリクムに行ったまま長く帰れなかったことがあったが、軍務のため妻の同行は許されず、その間中ずっと妻のことが心にかかっていて、精神の統一をはかるのがむずかしかったのは事実であった、と言ったのである。

投票の結果、妻の任地への同伴を禁ずるとした法案は、否決された。

ティベリウスは元老院のこのときの審議に、婉曲な言い方ながら苦言を呈している。身近なことゆえ熱心に討議するのはけっこうだが、このような事柄よりもより直接に国事にかかわる問題の討議を真剣にやってほしいという意味をこめての苦言であった。実際、妻同伴の可否については熱心に討議した元老院も、属州に侵入した蛮族討伐の司令官選びとなると成り手がなく、逃げ口上だけを長々とくり広げたあげくがティベリウスに一任するという始末であったからだ。

それにしても興味深いのは、妻の同行を禁ずるとした法の提案者が、ゲルマニクスの下で低地ゲルマニア軍団の司令官を務め、その後にも任地変更になったゲルマニクスに従って、オリエントにまで同行した武将のカエキーナであったことである。ゲルマニクスの妻だったアグリッピーナの出しゃばりの性向は、この例からも想像可能ではないかと思う。ティベリウスにすれば、家庭の内も外も、自分を疲れさすだけ、になっていたのである。

紀元二七年、六十八歳の皇帝ティベリウスは、おそらく数年にわたって胸のうちで暖めていたにちがいない考えを、ついに実行に移す。首都を離れ、ナポリ湾に浮ぶ小島カプリに引っこんでしまったのであった。

図版出典一覧

カバー	撮影：新潮社写真部
p. 10	カバーに同じ
p. 15	ウフィッツィ美術館(フィレンツェ／イタリア) 撮影：桜井紳二
p. 63	ローマ国立博物館マッシモ宮(ローマ／イタリア) 撮影：桜井紳二
p. 74	ローマ国立博物館マッシモ宮　撮影：桜井紳二
p. 82	L. Lindenschmidt, "Tracht und Bewafnung des Römischen Heeres" より
p. 126	フランス国立図書館(パリ／フランス) © Bibliothèque nationale de France
p. 127	ウィーン美術史美術館(ウィーン／オーストリア) © Kunsthistorisches Museum, Vienna
p. 170	カピトリーノ博物館(ローマ／イタリア) 撮影：桜井紳二

地図作製：綜合精図研究所(p. 17、p. 21、pp. 36-37、p. 79、p. 114、p. 121、p. 129、p. 141、p. 177、p. 183、p. 205)

塩野七生著　愛の年代記

欲望、権謀のうず巻くイタリアの中世末期からルネサンスにかけて、激しく美しく恋に身をこがした女たちの華麗なる愛の物語9編。

塩野七生著　チェーザレ・ボルジア あるいは優雅なる冷酷
毎日出版文化賞受賞

ルネサンス期、初めてイタリア統一の野望をいだいた一人の若者――〈毒を盛る男〉としてその名を歴史に残した男の栄光と悲劇。

塩野七生著　コンスタンティノープルの陥落

一千年余りもの間独自の文化を誇った古都も、トルコ軍の攻撃の前についに最期の時を迎えた――。甘美でスリリングな歴史絵巻。

塩野七生著　ロードス島攻防記

一五二二年、トルコ帝国は遂に「喉元のトゲ」ロードス島の攻略を開始した。島を守る騎士団との壮烈な攻防戦を描く歴史絵巻第二弾。

塩野七生著　レパントの海戦

一五七一年、無敵トルコは西欧連合艦隊の前に、ついに破れた。文明の交代期に生きた男たちを壮大に描いた三部作、ここに完結！

塩野七生著　マキアヴェッリ語録

浅薄な倫理や道徳を排し、現実の社会のみを直視した中世イタリアの思想家・マキアヴェッリ。その真髄を一冊にまとめた箴言集。

新潮文庫最新刊

星新一著　天国からの道

単行本未収録作品を集めた没後の作品集を再編集。デビュー前の処女作「狐のためいき」、1001編到達後の「担当員」など21編を収録。

星新一著　ふしぎな夢

『ブランコのむこうで』の次にはこれを読みましょう！　同じような味わいのショートショート「ふしぎな夢」など初期の11編を収録。

最相葉月著　あのころの未来　―星新一の預言―

人類と科学の関係を問う星作品を読み解き、立ち止まって考える、科学と僕らのこれから。星新一の思想を知り想いを伝えるエッセイ。

平野啓一郎著　葬送　第二部（上・下）

二月革命が勃発した。七月王政の終焉、共和国の誕生。不安におののく貴族、活気づく民衆。時代の大きなうねりを描く雄編第二部。

藤田宜永著　転々

「百万円払うから一緒に散歩しろ」謎の男に誘われて東京の街を歩く青年。道中の出来事が彼の運命を変える。傑作ロード・ノヴェル。

ヒキタクニオ著　鳶がクルリと

鳶って何なの？　ビジネスの世界から一癖ある鳶職人の集団へ迷い込んだ若き女性――。鳶達の心意気に気分も爽快、日本晴れだ！

新潮文庫最新刊

司馬遼太郎著
司馬遼太郎が考えたこと 10
—エッセイ 1979.4〜1981.6—
'80年代を迎えて日本が「成熟社会」に入った時代。『項羽と劉邦』を刊行したころの、シルクロード長文紀行などエッセイ55篇を収録。

塩野七生著
ローマ人の物語 17・18・19・20
悪名高き皇帝たち（一・二・三・四）
アウグストゥスの後に続いた四皇帝は、同時代の人々から「悪帝」と断罪される。その一人はネロ。後に暴君の代名詞となったが……。

河合隼雄
吉本ばなな著
なるほどの対話
個性的な二人のホンネはとてつもなく面白く、ふかい！　対話の達人と言葉の名手が、自分のこと、若者のこと、仕事のことを語り尽す。

北村鮭彦著
お江戸吉原ものしり帖
吉原は江戸文化の中心地。遊女のヘアの手入れから、悲恋話、客の美学まで。遊廓のことが何でもわかる、時代小説ファン必読の書！

甘里君香著
京都スタイル
京都には、日本人が本来幸せだと感じる生活のかたちがある——。東京から移り住んだ著者が出会った、京都の流儀、京都人の素顔。

内田幹樹著
機長からアナウンス 第2便
エンジン停止、あわや胴体着陸、こわい落雷……アクシデントのウラ側を大公開。あのベストセラー・エッセイの続編が登場です！

新潮文庫最新刊

長沢工著
はい、こちら国立天文台
―星空の電話相談室―
子供から〝ワケあり〟の方々まで、年間一万件を超える天文台への問い合わせ。星のウンチクも満載の、広報マンの知られざる奮闘記。

天野惠市著
そこが知りたい「脳の病気」
頭痛、めまいの原因は何か。脳梗塞の予防法はあるのか。ボケに効く薬とは？　わかりやすく解説した、万人のための「脳」の医学書。

S・キング
白石朗訳
回想のビュイック8（上・下）
警官だった父の死、署に遺された謎の車。少年はやがて秘められた過去へと近づいていく。絶妙の語りが胸を打つ、キング最新長篇！

J・アーヴィング
都甲幸治
中川千帆訳
未亡人の一年（上・下）
四歳の少女が目撃した母の情事。壊れゆく家族の肖像。ひとつの純愛の行きつく先までを描き切った、アメリカ現代文学の最高傑作！

C・マッキンジー
熊谷千寿訳
絶壁の死角
女子大生の強姦殺人とロック・クライマーの転落死。二つの事件を結ぶ驚愕の接点とは何か。新ヒーロー、バーンズ捜査官が動いた。

R・ブローティガン
藤本和子訳
アメリカの鱒釣り
軽やかな幻想的語り口で夢と失意のアメリカを描いた200万部のベストセラー、ついに文庫化！　柴田元幸氏による敬愛にみちた解説付。

ローマ人の物語 17
悪名高き皇帝たち［一］

新潮文庫　し－12－67

平成十七年九月一日発行

著者　塩野七生
発行者　佐藤隆信
発行所　株式会社新潮社
郵便番号　一六二―八七一一
東京都新宿区矢来町七一
電話　編集部（〇三）三二六六―五六一一
　　　読者係（〇三）三二六六―五一一一
http://www.shinchosha.co.jp

価格はカバーに表示してあります。

乱丁・落丁本は、ご面倒ですが小社読者係宛ご送付ください。送料小社負担にてお取替えいたします。

印刷・錦明印刷株式会社　製本・錦明印刷株式会社
© Nanami Shiono 1998 Printed in Japan
ISBN4-10-118167-5 C0122